GOLF GRUNDLAGEN

Vom ersten Schlag zum Handicap

Andreas Hahn

INHALT

Vorwort   **4**

Einleitung   **5**
Warum Golf spielen?   6
Wie alles anfing   6
Vom Abschlag zum Grün   7

Golfplatz   **8**
Abschlag   8
Fairway   9
Rough   9
Hindernisse   9
Green   10
Platzmarkierungen   10
Normen   11

Golfausrüstung   **12**
Schläger   12
Schaft   15
Golfball   18
Ausrüstung   20

Golfunterricht   **20**
Lernprozeß   21

**In vier Schritten zum
guten Schwung**   **23**

**Schritt I
Lernen Sie die Physik**   **23**
Ballfluggesetze   23
Schwungrichtung   23
Stellung der Schlagflächen   24
Auftreffwinkel   25

**Schritt II
Die Geometrie des Schwungs**   **28**
Schwungrichtung   28
Schwungradius   29

Schwungebene 29
Position der Schlagfläche 30

Schritt III
Nehmen Sie eine gute
Ansprechposition ein **31**
Griff 31
Ansprechposition 36

Schritt IV
Der Bewegungsablauf **40**
Rückschwung 40
Abschwung 42
Treffmoment 42
Durchschwung 43

Kurzes Spiel **50**
Putt-Technik 52
Chip-Technik 56
Pitch-Technik 58

Schwierige Lagen **62**
Bunkerschlag-Technik 62
Schlag aus dem Rough 66
Hanglagen 69

Ratschläge für das Spielen
auf dem Platz **74**
Wetterverhältnisse 76
Entfernung 76
Einstellung 77

Golfregeln **78**
Fairness 78
Ehre und Spielreihenfolge 79
Ball im Aus oder verloren 80
Ball unspielbar 82
Lose Gegenstände 84
Ball im Hindernis 85

Ball in zeitweiligem Wasser 87
Ball wird im Flug abgelenkt 89
Vorfälle auf dem Grün 90

Etikette **92**

Golfbewertung **97**
Vorgabe 97
Zählkarte 98

Golfturniere **100**
Wettspiele 100
gegen Par und Stableford 101
gegen Par 101
Viererwettspiele 101
Weitere Wettspielarten 103

Schlußwort **104**
Register 105

Dieses Golfbuch soll all jene Menschen ansprechen, die diesen Sport kennenlernen möchten oder gerade die ersten Schläge gemacht haben. In kurzen, auch für Anfänger leicht verständlichen Worten und Bildbeschreibungen werden die wichtigsten Bereiche des Golfsports erklärt. „Golfgrundlagen" ist ein unkomplizierter Ratgeber, der nicht nur die Grundbegriffe des Golfsports vermittelt, sondern auch dazu beiträgt, diesen Sport als das zu verstehen, was er ist: eine wunderschöne Freizeitbeschäftigung.

Obwohl es eine ganze Reihe von Golf-büchern gibt, mangelt es in der einschlägigen Fachliteratur an unkomplizierten Werken, die diesen schönen Sport auch für Anfänger verständlich machen. Der Golflehrer Andreas Hahn hat es mit viel Sachverstand und Einfühlungsvermögen geschafft, mit „Golfgrundlagen" ein Buch zu schreiben, das den golfinteressierten Anfänger Schritt für Schritt in den ebenso faszinierenden wie schwierigen Golfsport einführt.

Es werden die Regeln und der sinnvolle Gebrauch der einzelnen Schläger erklärt, Tips für die Kunst des Puttens und für das Verhalten auf dem Platz gegeben. Kurz - „Golfgrundlagen" ist ein Lehrbuch, in dem dank seiner klaren Gliederung jederzeit rasch zu finden ist, was man gerade braucht. Das Werk sollte deshalb in keinem Anfänger-Golfbag fehlen.

Aber auch der fortgeschrittene Golfer erfährt Neues und Wissenswertes. Das Bestechende an diesem Buch ist nämlich, daß hier kein reiner Turnierspieler schwer nachvollziehbare Techniken darstellt. Vielmehr hat ein in der Golfpraxis stehender Pro, der täglich erlebt, mit welchen Hauptschwierigkeiten die meisten Anfänger und Handicap-Spieler zu kämpfen haben, all seine Erfahrungen eingebracht.

Anschauliche Bilder sowie Zeichnungen von Prof. h.c. P. Halapa lockern den Textteil nicht nur auf, sondern sind gleichzeitig wertvolle Hilfen für Neulinge und Fortgeschrittene.

Andreas Hahn, 1958 in Wolfratshausen geboren, absolvierte seine Ausbildung bei Bundestrainer Heinz Fehring und besuchte weltweit viele bekannte Golflehrer und -schulen. Heute leitet er auf einem der bekanntesten und schönsten Golfplätze Deutschlands als Head-Pro seine eigene Golfschule. Darüber hinaus hat sich Andreas Hahn als erfolgreicher Designer von Golfplätzen einen Namen gemacht. Außerdem hat er weitere Publikationen veröffentlicht wie: Golf Grundlangen Video, Schwierige Lagen Video und das Buch Balance der Technik.

Warum Golf spielen?

Viele Zeitgenossen behaupten immer wieder, Golf sei lediglich eine kostspielige Freizeitbeschäftigung für unsportliche oder ältere Menschen. Daß dies nicht so ist, läßt sich leicht belegen: Bei einer vollen Runde über 18 Löcher legt man in drei bis viereinhalb Stunden eine Gesamtstrecke von sechs bis acht Kilometer zurück. Je nach Spielstärke werden dabei 70 - 120 Schläge ausgeführt. Die körperliche Betätigung ist also durchaus beachtlich.

Und dennoch kann man bis ins hohe Alter Golf spielen, ohne sich der Gefahr einer Überanstrengung auszusetzen. Wenn die körperliche Leistungsfähigkeit nachläßt, kann man mit gleicher Freude auch eine halbe Runde oder nur einzelne Löcher spielen. Da Körper und Geist gleichermaßen gefordert werden, ist Golf - wenn man es nicht zu ernst nimmt - der ideale Erholungssport für jedes Alter.

Golf kann sowohl allein als auch zu zweit, zu dritt und zu viert gespielt werden. Dabei hat im Amateurwettspiel die Stärke der einzelnen Spieler auf einen spannenden und sogar ausgeglichenen Spielverlauf keinen Einfluß. Durch das Handicap-System sind alle Akteure quasi »gleichberechtigt«. Gerade weil das unterschiedliche Können nach den Handicap-Regeln nicht so sehr ins Gewicht fällt, ist Golf auch ein idealer Familiensport, der außer auf Bergplätzen oder auf Anlagen im Voralpenland das ganze Jahr über betrieben werden kann.

Auch als Leistungs- und Profisport rückt Golf immer mehr in den Mittelpunkt des Interesses. Nicht zuletzt durch die Erfolge von Bernhard Langer, Sven Strüver und Alexander Cejka ist Golf inzwischen auch in Deutschland zur Mediensportart geworden.

Wie alles anfing

Der Ursprung des Golfspiels ist nicht geklärt. Meist greift man auf eine Legende zurück, die besagt, daß schottische Schäfer aus Langeweile mit einem Hirtenstab kleine runde Steine in Mauslöcher schlugen. Hieraus sei dann das Golfspiel entstanden.

In der folgenden Zeit durchlief es die verschiedensten Stadien, bis es sich dann in unserem Jahrhundert zu dem entwickelt hat, was es heute ist. Im Jahre 1457 wurde Golf zum ersten Mal erwähnt, als das schottische Parlament unter König James II. das Spiel verbot, weil zu viele wehrfähige Männer von der Übung mit der Waffe abgehalten wurden. 1608 wurde Golf in England eingeführt und 1744 gründete man den ersten Golfclub, The Honourable Company of Edinburgh Golfers. 10 Jahre später entstand der Royal and Ancient Golf Club of St. Andrews, der dem Golfspiel seine ersten offiziellen Regeln gab und heute noch die höchste Instanz Europas in allen Regelfragen ist.

In den USA zählt der Golfsport mit seinen zig Millionen aktiven Spielern und mehr als

15.000 Plätzen zu den beliebtesten Sportarten bzw. Freizeitbeschäftigungen. Der erste Golfclub in den Vereinigten Staaten wurde im Jahre 1880 gegründet.

Der erste Golfclub Deutschlands in Berlin im Jahre 1895 ist auf die Initiative amerikanischer und englischer Kaufleute zurückzuführen. Schon zwölf Jahre später schlossen sich acht Clubs zusammen und gründeten den Deutschen Golfverband, dem heute ca. 450 Vereine mit rund 240.000 Mitgliedern angehören.

Vom Abschlag zum Grün

Golf ist ein Rasen- und Geländesport, bei dem es darauf ankommt, einen Ball durch aufeinanderfolgende Schläge in Übereinstimmung mit den Regeln von einem Abschlag in ein Loch zu spielen. Normalerweise besteht ein Golfplatz aus 18 Spielbahnen (Löchern) unterschiedlicher Schwierigkeitsgrade. Sieger wird derjenige, der die wenigsten Schläge benötigt. Grundlage zur Ermittlung des Spielergebnisses ist also immer die Schlagzahl eines Spielers.

Das einzelne Loch setzt sich zusammen aus dem Abschlag, der Spielbahn sowie einem Grün, auf dem sich - von besonders kurz geschnittener Rasenfläche umgeben - das eigentliche Loch mit der Fahne als Richtungsweiser befindet. Das Loch hat einen Durchmesser von 108 mm, und muß mindestens 100 mm tief sein. Die Entfernungen zwischen Abschlag und Loch betragen in der Regel zwischen 100 m und 600 m. Die Bespielbarkeit der einzelnen Spielbahnen wird durch natürliche Hindernisse (wie z.B. Bäume, Bäche und ungeschnittene Grasflächen), wie auch künstliche Hindernisse (z.B. Bunker = mit Sand gefüllte Vertiefungen), erschwert. Um einen Platz mit 18 Löchern zu bauen, benötigt man eine Fläche von ca. 70 ha. Es gibt aber auch Plätze mit nur 9 Spielbahnen, die dann für eine volle Runde zweimal durchgespielt werden müssen.

Leistungsunterschiede werden durch ein Vorgabe-System (Handicap) ausgeglichen. Von der Gesamtschlagzahl des schwächeren Spielers wird - je nach Spielstärke des Einzelnen - eine bestimmte Anzahl von Schlägen zum Schluß des Spiels abgezogen.

Der Platz

Fast alle Sportanlagen haben vorgeschriebene Abmessungen. So gleichen sich alle Tennisplätze genauso wie alle Fußballplätze oder Aschenbahnen. Beim Golf ist jeder Platz anders angelegt und hat so seinen eigenen Charakter. Außerdem wird noch zwischen Meisterschaftsplätzen, Normalplätzen, 9-Löcher-Plätzen, Kurzplätzen und seit neuestem auch Senioren-Plätzen unterschieden. Wie schon im vorangegangenen Kapitel erwähnt, besteht ein einzelnes Golfloch aus dem Abschlag, dem Fairway, den Hindernissen und dem Grün. Diese Spielbahn wird durch hohes Gras, Büsche und Bäume umgrenzt, das ist das sog. Rough (sprich: Raff).

Der Abschlag

ist eine meist erhöhte, ebene und rechtwinklig angelegte Fläche, deren Rasen etwa so kurz geschnitten ist wie die Spielbahn selbst. Der Abschlag ist immer der Startplatz eines jeden Loches. Zwei Markierungen begrenzen die Seiten und die vordere Linie. Der Ball wird innerhalb der Markierungen auf den Rasen gelegt oder aufgeteet, d.h. auf ein hierfür speziell geeignetes Holz- oder Plastikstöckchen (Tee) plaziert. Sie dürfen niemals vor oder außerhalb der Markierung abspielen, aber auch nicht mehr als zwei Schlägerlängen dahinter.

Damen spielen von einem gesonderten Abschlag, der etwa 12 % der Lochlänge vor dem Herrenabschlag liegt. Es gibt außerdem noch Championabschläge für Damen und Herren, die wiederum etwas weiter vom Loch entfernt plaziert sind und das Spiel erschweren.

1

Die vier Abschlagsmarkierungen haben unterschiedliche Farben:

Rot   - Normaler Damenabschlag
Gelb   - Normaler Herrenabschlag
Schwarz - Champion Damenabschlag
Weiß   - Champion Herrenabschlag

Die Abschlagtafel gibt Ihnen alle notwenigen Informationen über die Spielbahn

Das Fairway

ist die reguläre Spielbahn, auf der der Rasen kurz geschnitten ist. Die Form des Fairways kann nach Belieben gestaltet werden, hat aber gewöhnlich eine Mindestbreite von 30 m.

Das Rough

ist das ungeschnittene hohe Gras oder Heidekraut, sind Sträucher und ähnliches, die das Fairway umgeben. Kommt der Ball von der Bahn ab und bleibt er im Rough liegen, so ist er oft nur schwer zu spielen, manchmal ist er sogar unspielbar oder verloren.

Hindernisse

künstlicher Art sind Bunker oder Sandbereiche. Es handelt sich dabei um Vertiefungen, die mit Sand aufgefüllt sind und an exponierten Stellen des Platzes direkt an einem Grün (Grünbunker) oder irgendwo auf dem Platz (Fairway-Bunker) liegen und einen schlecht plazierten Schlag bestrafen. Hindernisse sind aber auch Bäche, Teiche, Seen, Flußläufe oder sogar das Meer.

Das Green

ist eine sehr kurz geschnittene und speziell gepflegte Rasenfläche, auf der der Ball nur noch ins Loch gerollt (geputtet) wird. Irgendwo auf dem Grün (mindestens aber 250 cm vom Grünrand entfernt) befindet sich das Loch, in dem die weithin sichtbare Fahne steckt. Das Grün wird in der Hauptwachstumszeit möglichst jeden Tag geschnitten. Die Grashöhe beträgt hier in der Regel zwischen 4 und 5 mm. Das Loch wird wöchentlich 1 bis 2 mal versetzt, um eine einwandfreie Grünfläche und einen scharfkantigen Lochrand zu gewährleisten.

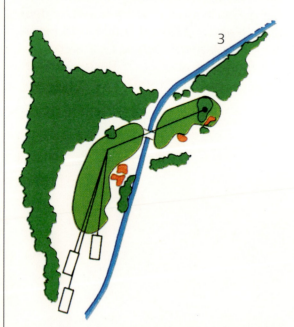

Hier sieht man eine komplette Spielbahn mit Abschlag, Fairway und Grün

Platzmarkierungen

Gelände, das nicht mehr zum Platz gehört, wird durch Auspfosten markiert. Diese Pfosten sind weiß angemalt. Wenn der Ball jenseits einer Ausgrenze liegt, darf er nicht mehr weitergespielt werden, und ein neuer Ball muß ins Spiel gebracht werden. Eine Ausgrenze wird in besonderen Fällen auch innerhalb eines Platzes ausgesteckt. Alles Gebiet, das sich im Bau oder in Ausbesserung befindet, wird mit blauen Pfosten markiert. Der Ball darf von dort straflos weggelegt werden (s. Golfregeln). Die Wasserhindernisse und deren Umgrenzung sind mit gelben Pfosten markiert, wenn sie mehr oder weniger quer zur Spielbahn verlaufen und rot, wenn der Bach, Teich oder Fluß seitlich der Spielbahn verläuft (s. Kap. Regeln). Somit gibt es vier verschiedene Markierungen:

Weiß = Ausgrenze
Blau = Boden in Ausbesserung
Gelb = Frontales Wasserhindernis
Rot = Seitliches Wasserhindernis.

Normen

Je nach Länge einer einzelnen Spielbahn wird diese in Par 3, Par 4 oder Par 5 eingeteilt. Auf einem Par 3-Loch sollte man im Normalfall von einem guten Spieler erwarten können, daß er mit dem ersten Schlag vom Abschlag das Grün erreicht, mit dem zweiten Schlag den Ball in die Nähe der Fahne bringt, und mit dem dritten Schlag dann einlocht. Bei einem Par 4-Loch sollte dieser Spieler das Grün mit 2 Schlägen und bei einem Par 5-Loch mit drei Schlägen erreichen, um dann jeweils wieder mit zwei weiteren Schlägen einzulochen.

Die offiziellen Längen zur Festlegung des Pars sind:

Herren:
Par 3 bis 228 m
Par 4 von 229-434 m
Par 5 ab 435 m

Damen:
bis 201 m
von 202 - 382 m
ab 383 m

Die Länge der Spielbahn muß von offizieller Stelle vermessen und festgelegt werden. Maßgebend ist die Mittellinie der Spielbahn vom hinteren Ende des Abschlages (Vermessungspunkt) bis zur Mitte des Grüns. Wenn das Par der 18 Golflöcher addiert wird, erhält man in der Regel eine Summe, die zwischen 63 und 73 liegt. Wenn ein Spieler die vorgeschriebene Schlagzahl eines Loches einhält, so hat er ein Par gespielt. Benötigt er mehr oder weniger Schläge, so nennt er sein Ergebnis

3 Schläge über Par	=	Tripelbogey
2 Schläge über Par	=	Doppelbogey
1 Schlag über Par	=	Bogey
1 Schlag unter Par	=	Birdie
2 Schläge unter Par	=	Eagle
3 Schläge unter Par	=	Albatross

Wenn ein Spieler einmal das ganz seltene Glück hat, mit einem Schlag vom Abschlag ins Loch zu treffen, hat er ein Hole in one oder Ass geschossen. Da dies sehr selten geschieht, ist der Brauch entstanden, alle zu diesem Zeitpunkt auf dem Platz befindlichen Spieler zu einem Umtrunk einzuladen. Das Ausmaß der Feier wird vom Ass-Schützen selbst festgelegt. Man kann sogar eine Versicherung (die sog. Ass-Versicherung) abschließen, die die Kosten für den Umtrunk übernimmt.

11

Schläger

Die Golfregeln schreiben vor, auf der Runde höchstens 14 Schläger mitzuführen, deren Form und Machart vorbestimmt sind. Ein Golfschläger besteht aus einem Griff, dem Schaft und dem Kopf. Man unterscheidet zwischen drei Arten:

1. Hölzer für lange Schläge (der Kopf des Schlägers ist aus Holz, Kunststoff oder auch aus Metall, Abb. 5).

2. Eisen für mittlere oder kurze Schläge (Kopf meist aus Stahl).

3. Putter zum Einlochen des Balles auf dem Grün (mit senkrechter Schlagfläche).

Mit jedem Schläger kann eine andere Schlaglänge erreicht werden. Durch die unterschiedlichen Neigungswinkel der Schlagflächen (Loft) und die verschiedenen Schaftlängen bekommt der Ball jeweils eine andere Flugkurve, -länge und Rückwärtsdrall (Abb. 6).

Die Holzschläger (Hölzer genannt) sind von 1 bis 7 und die Eisenschläger (Eisen genannt) von 1 bis 11 durchnummeriert. Die längsten Schläge können jeweils mit der Nr. 1 geschlagen werden. Je höher die Nummer des Schlägers, desto steiler wird die Flugkurve, und entsprechend kürzer

6

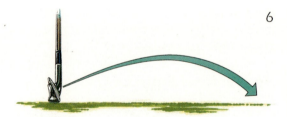

Eisen 3   Flacher Ballflug, große Weite.

5

Verschiedene Schlägerkopfmaterialien.
Von rechts: Oversize aus Metall, normaler Kopf aus Metall, Graphit und Persimmon (Vollholz).

Eisen 5   Mittlerer Ballflug, mittlere Weite.

Eisen 10   Hoher Ballflug, kurze Weite.

wird natürlich auch die maximale Schlag-länge.

Die Hölzer werden für die längsten Schläge verwendet. Wie es schon der Name verrät, besteht der Kopf des Schlägers, der verhält-nismäßig breit ist, immer seltener aus Holz. Die Köpfe werden meist aus Metall oder Graphit hergestellt. Für den Abschlag (Drive), den ersten Schlag eines Loches ver-wendet man am besten bei einer langen Bahn das Holz 1, da mit ihm die größte Weite erreicht werden kann. Es ist jedoch nicht zu empfehlen, diesen Schläger vom Boden aus zu spielen, da er zu wenig Loft hat. Auf der Abschlagfläche jedoch ist dies anders, da der Ball auf ein Tee gesetzt wer-den darf.

Für lange Schläge vom Fairway (der Spiel-bahn) verwendet man die sogenannten Fairway-Hölzer. Durch den erhöhten Loft des Schlägers bekommt der Ball eine höhe-re Flugbahn und ist einfacher zu treffen.

Die Eisen dagegen haben einen relativ schmalen Metallkopf. Das längste Eisen mit dem niedrigsten Loft hat die Nummer 1. Der Loft der Eisen wird, genau wie bei den Hölzern, mit steigender Schlägernummer immer flacher, die Flugkurve des Balles damit immer höher und die Schlagweite immer kürzer. Hierdurch ist gewährleistet, daß mit jedem Schläger eine andere Fluglänge erreicht wird.

Bei den Eisen gibt es noch einen speziellen Schläger für Sandhindernisse - den Sand-wedge. Neben dem extrem flachen Loft für eine hohe Flugbahn hat er eine besonders konstruierte Sohle, die verhindern soll, daß sich der Schläger in den Sand gräbt.

Der Putter hat kaum einen Loft und wird für Schläge (Putts) auf den Grüns verwendet. Der Ball wird mit diesem Schläger lediglich zum Rollen gebracht.

Die kurzen Schläge um das Grün herum werden in der Regel mit den Eisen ab Num-mer 5 bis 11, mit kleinen, wohldosierten Schwüngen ausgeführt. Je höher der Ball fliegen soll, desto höher muß die Wahl der Schlägernummer sein. Sie sehen, es gibt eine große Anzahl von Schlägern, von denen jeder seine Eigenheiten hat. Da man auf die Runde nur 14 Schläger mitnehmen darf, hat man die Qual der Wahl. Die mei-sten Golfer entscheiden sich für die Eisen 3 bis 10, einen Sandwedge, einen Putter und drei oder vier Hölzer mit den Nummern 1 (oder 2) 3, 5 und 7.

7

Ein kompletter Schlägersatz

GOLFAUSRÜSTUNG

Aus der nachfolgenden Tabelle geht hervor, wie groß der Loft an den Schlagflächen der verschiedenen Schläger ist und wie weit hiermit die Bälle geschlagen werden können. Die Entfernungen schwanken natürlich von Spieler zu Spieler sehr stark.

Mit der Zeit lernt man, wie weit man mit den einzelnen Schlägern schlagen kann. Es ist dann beispielsweise gut zu wissen, welcher Schläger für eine Länge von 130 Metern benötigt wird, um genau auf das Grün zu treffen.

Die angegebenen Schlaglängen sind rein hypothetisch. Die Schlaglängen von Hölzern und Eisen überschneiden sich. Einigen Spielern liegen die Eisen und anderen die Hölzer besser. Entsprechend sollte die persönliche Schlägerwahl getroffen werden. Für den Anfänger sind die Eisen 1 und 2 nicht zu empfehlen, da sie extrem schwer zu spielen sind. Sie haben kaum Loft und müssen daher ganz exakt gespielt werden, um den Ball in die benötigte Flugbahn zu bringen. Hinzu kommt, daß diese zwei Schläger sehr schwer gerade zu schlagen sind.

Schläger-nummer	Loft Herren	Damen	Länge Herren Zoll	cm	Damen Zoll	cm	Schlaglänge Herren m	Damen m
Holz 1	11^0	12^0	43	109,22	42	106,68	230	195
Holz 2	13^0	14^0	42,5	107,95	41,5	105,41	220	185
Holz 3	16^0	17^0	42	106,68	41	104,14	210	175
Holz 4	19^0	20^0	41,5	105,41	40,5	102,87	200	165
Holz 5	22^0	23^0	41	104,14	40	101,60	190	155
Holz 6	25^0	26^0	40,5	102,87	39,5	100,33	180	145
Holz 7	28^0	29^0	40	101,60	39	99,06	170	135
Eisen 1	17^0	18^0	39,5	100,33	38	96,52	200	165
Eisen 2	20^0	21^0	39	99,06	37,5	95,25	190	155
Eisen 3	24^0	25^0	38,5	97,79	37	93,98	180	145
Eisen 4	28^0	29^0	38	96,52	36,5	92,71	170	135
Eisen 5	32^0	33^0	37,5	95,25	36	91,44	160	125
Eisen 6	36^0	37^0	37	93,98	35,5	90,17	150	115
Eisen 7	40^0	41^0	36,5	92,71	35	88,90	140	105
Eisen 8	44^0	45^0	36	91,44	34,5	87,63	130	95
Eisen 9	48^0	49^0	35,5	90,17	34	86,36	120	85
Eisen 10 (PW)	52^0	53^0	35,5	90,17	34	86,36	110	75
Eisen SW	56^0	57^0	35,5	90,17	34	86,36	–	–

PW = Pitchingwedge, SW = Sandwedge, Zoll = 2,54 cm

Der Schaft

Beim Golfschläger ist auch die Flexibilität des Schaftes von Bedeutung. Damen oder Senioren benötigen zum Beispiel einen weicheren Schaft als kräftige Naturen. Hat der Schläger für den athletischen Golfer einen zu weichen Schaft, ist es für ihn nicht nur schwieriger, den Ball in die richtige Richtung zu schlagen, sondern er hat auch ein schlechtes Gefühl während des Schwunges, da sich der Schaft zu stark verbiegt. Ist der Schaft hingegen für Damen oder Senioren zu steif, so fühlt sich der Schläger für diese wie ein Besenstil an.

Auch dann wird es schwer sein, den Ball in die richtige Richtung zu schlagen.

Es gibt insgesamt 5 verschiedene Schafthärten:

L oder 1 = sehr flexibel für Damen
A oder 2 = flexibel für Damen und Senioren
R oder 3 = mittlere Flexibilität, für Herren mittlerer Schwungkraft
S oder 4 = steif, für Herren guter Spielstärke
X oder 5 = sehr steif, für Spieler, die den Ball sehr hart schlagen.

Der Schaft besteht aus Stahl oder auch aus Graphit, Boron und Titanium (Abb. 8). Den Biegungspunkt im Schaft kann man variieren. Liegt er mehr zum Griffende zu, wird die Flugbahn des Balles etwas flacher (Abb. 9).

8

*Drei verschiedene Schaftmaterialien.
Von links: Graphit-Stahl-Boron*

9

Flexpunkt unten - höhere Flugbahn   Flexpunkt unten - höhere Flugbahn

Der Lie des Schlägers ist der Winkel, in dem der Schaft an dem Schlägerkopf befestigt ist (Abb. 10). Der Lie wird von der individuellen Körpergröße und Armlänge des jeweiligen Spielers bestimmt. Kleine Spieler stehen weiter vom Ball entfernt und benötigen einen flacheren Lie.

Der körperlich größere Spieler steht näher am Ball und braucht daher einen aufrechteren Lie. Damit ist gewährleistet, daß bei einer normalen Ansprechhaltung der Schlägerkopf korrekt auf der Sohle aufliegt. Ist der Lie zu aufrecht oder zu flach, so steht der Schläger auf der Ferse oder der Spitze, was unweigerlich einen aus der geraden Richtung geschlagenen Ball zur Folge hat .(Je 1° falscher Lie fliegt der Ball 3 mtr. aus der Richtung)

Wichtig ist auch die Dicke des Griffes. Sind Ihre Griffe zu dünn oder zu dick, kann die Handhaltung am Schläger nicht korrekt sein. Dies hat wiederum Auswirkungen auf den Schwung bzw. Schlag.

Wenn ich einem Anfänger bei der Schlägerwahl behilflich sein soll, so empfehle ich ihm zunächst Schläger mit einem ziemlich tiefen Schwerpunkt. Das Kopfgewicht sollte außerdem um die Schlagfläche gezogen sein (Heel-Toe weightning). Diese beiden Faktoren helfen, den Ball leichter hoch und gerade zu schlagen. Der Treffbereich (sweet-spot) ist damit etwas größer, und der Schläger verzeiht mehr. (Abb. 11 linker Schläger). Seit ein paar Jahren gibt es auch sog. Großkopfschläger, die eine um 1/3 größere Schlagfläche haben. Sie werden

10

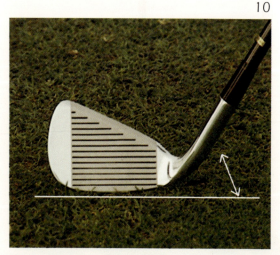

Der Lie eines Schlägers muß immer dem Spieler angepaßt sein

11

Rechts der Schläger mit dem großen Treffbereich, links mit klassischer Schlagfläche

auch Midsize-Schläger genannt. Diese haben den Vorteil, schlecht getroffene Schläge erheblich mehr zu verzeihen, als die konventionellen Schläger.

Gute Spieler bevorzugen einen Schläger in klassischer Form, der Ihnen mehr Gefühl gibt (Abb. 11 linker Schläger). Zuletzt sei noch etwas über das Schwunggewicht gesagt. Das Schwunggewicht ist das Gewichtsverhältnis zwischen Schlägerkopf und Griff. Ist der Schläger kopflastiger, so hat er ein höheres Schwunggewicht. Liegt das Gewicht mehr dem Griffende zu, ist das Schwunggewicht geringer. Je höher das Schwunggewicht ist, desto schwerer fühlt sich der Schläger während des Schwunges an. Das Schwunggewicht kann von einer speziellen Waage abgelesen werden. Es ist in verschiedene Bezeichnungen aufgeteilt, wie z.B. C8, C9, D0 usw.

Das durchschnittliche Schwunggewicht für Damen liegt bei C6 und für Herren bei D1. Diese Ziffern werden von Umrechnungsformeln hergeleitet. Je höher die Zahl ist, desto kopflastiger ist der Schläger.

Kräftigere Spieler benötigen meist ein höheres Schwunggewicht. Bei schwächeren Spielern ist dies ein Nachteil, da sie zu viel Kraft im Schwung aufwenden müssen, und sich hierdurch verausgaben. Das Schwunggewicht hat nichts mit dem Gesamtgewicht des Schlägers zu tun.

Es gibt natürlich noch eine Menge anderer Spezifikationen der Schlägerwahl. Die bisher genannten sind aber zunächst die wichtigsten.

All diesen Informationen ist zu entnehmen, daß sowohl Anfänger als auch fortgeschrittene Spieler bei der Auswahl ihrer Schläger einen Spezialisten befragen sollten, und das ist der Golflehrer. Er probiert mit dem Golfinteressierten verschiedene Schläger aus. Nach vier bis zehn Wochen Unterricht wird dann der Schüler durchaus in der Lage sein, Unterschiede zwischen den verschiedenen Schlägermodellen zu fühlen. Bis zu diesem Zeitpunkt jedoch sollten die Schläger ausgeliehen werden. Wer sich dann dazu entschließt, eine eigene Ausrüstung zu kaufen, sollte zu Beginn nicht auf billige und damit vielleicht schlechte Schläger ausweichen. Das Erlernen des Golfsports ist schwierig und aufwendig und sollte deshalb nicht durch falsches oder unzureichendes Gerät zusätzlich erschwert werden. An einem »vernünftigen« Golfschläger hat jeder über längere Zeit hinweg Freude.

Von Beginn an sollten alle 13 Schläger, die benötigt werden (plus Putter), gekauft werden. Es hat keinen Sinn, einen halben Schlägersatz nach und nach zu vervollständigen, denn jeder Schlägersatz ist aufeinander abgestimmt. Würde man zu einem vorhandenen halben Schlägersatz dazukaufen, könnte es passieren, daß die neuen Schläger nicht mehr dazupassen. Das Gefühl ändert sich dann von Schläger zu Schläger.

Zu Beginn werden noch nicht alle Schläger benutzt, aber nach spätestens einem Jahr werden bereits alle 14 Schläger gebraucht.

Der Golfball

An einem Golfball werden sehr hohe Anforderungen gestellt. Er besteht überwiegend aus Hartgummi und darf nicht mehr als 45,9 g wiegen sowie nicht kleiner als 1,68 inch = 42,67 mm im Durchmesser sein. Die Bälle werden in verschiedenen Härtegraden angeboten. Zu Beginn wird man kaum einen Unterschied zwischen den einzelnen Marken feststellen. Je besser jemand spielt, desto wichtiger wird die Wahl des passenden Balles sein.

Golfbälle sind in der Standardfarbe weiß, aber auch in den Leuchtfarben gelb, rot und pink zu haben. Die Zahl auf dem Ball dient dazu, ihn von anderen Bällen derselben Marke während eines Spiels zu unterscheiden.

14

Die Nummern der Bälle dienen nur zur Identifikation

Der Golfball ist entweder aus zwei oder drei Teilen zusammengesetzt. Der zweiteilige Ball besteht aus einer speziellen Gummimischung, die in eine Form gespritzt und dann mit einer Schale umgeben wird.

Der dreiteilige Ball hat einen Kern aus Gummi oder irgendeiner Flüssigkeit, die zunächst beim Herstellvorgang gefroren wird. Um diesen Kern wird dann unter Druck ein leicht gedrehter Gummifaden gewickelt, um den dann die Kunststoff- oder Gummischale kommt. Durch das Auftauen des bei dem Fertigungsvorgang gefrorenen flüssigen Innenkerns dehnt sich dieser dann aus und gibt dem Ball einen hohen Innendruck.

Die Schale des Golfballes kann aus zwei verschiedenen Materialien hergestellt werden, entweder aus einer weichen Gummimischung (Balata) oder aus Kunststoff (Surlyn).

Der dreiteilige Ball ist in drei Härtegrade eingeteilt, 80, 90 und 100 Kompression. Je stärker der Gummifaden gezogen wird, desto höher ist seine Kompression.

Der dreiteilige Ball, der sich leichter zusammendrücken läßt, ist weicher und fliegt höher als der zweiteilige. Das gleiche gilt für die Balata-Schale.

Der zweiteilige Ball ist widerstandsfähiger, härter und fliegt etwas flacher. Auch die Surlyn-Schale ist härter und widerstandsfähiger.

Für einen langsameren Schwung ist ein weicher Ball zu empfehlen, für einen schnelleren Schwung ein harter Ball. Die Unterschiede in der Flugweite zwischen einem härteren und weicheren Ball sind gering. Entscheidend ist lediglich das Gefühl im Treffmoment und die Flughöhe.

Wer relativ schnell schwingt und die Bälle oft zu hoch trifft (toppt), sollte einen zweiteiligen Ball mit Surlyn-Schale spielen, da die weichen Bälle sofort eine Einkerbung (einen Cut) bekommen, wenn sie mit der unteren Kante des Schlägerkopfes getroffen werden. Sollte sich der Ball zu hart anfühlen, könnte der Mittelweg gewählt und ein gewickelter Ball mit einer Surlyn-Schale gespielt werden.

Die Einbuchtungen auf der Schale des Balles nennt man Dimples. Sie geben dem Ball bestimmte Flugeigenschaften. Der Golfball hat 336-500 Dimples, die je nach Marke in verschiedenen Mustern und Formen eingepreßt werden. Ohne diese Dimples wäre die Flugbahn des Balles erheblich kürzer. Die Flugeigenschaften sind durch die Regeln begrenzt. So sind u.a. bei Höchstgeschwindigkeit, Symmetrie der Kugelform, Anfangsgeschwindigkeit und Flugweite unter festgesetzten Testbedingungen bestimmte Werte einzuhalten. Ohne diese Beschränkungen könnte man bereits Bälle herstellen, die Flugweiten von 300 m erreichen.

13

Ausrüstung

Zum Mitführen von Schlägern, Bällen und sonstigem Golfzubehör werden eine Golftasche aus Leder oder Kunststoff sowie ein zweirädriger Wagen (Caddywagen), auf dem die Tasche hinterhergezogen wird, benötigt.

Die Taschen gibt es in verschiedenen Formen, Farben und Größen. Eine kleinere Tasche kann auch getragen werden. Zur Schonung der Schläger, insbesondere der Griffe, sind etwas größere Taschen jedoch besser geeignet. Sie bieten zudem mehr Platz für Bälle, Regenbekleidung, Schirm usw. Ist der Durchmesser der Tasche zu klein, so reiben die Griffe aneinander und nützen sich vorzeitig ab.

15

Eine vollständige Golfausrüstung

Die Hölzer sollten auf alle Fälle mit Schlägerhauben geschützt werden. Der Handschuh, der (bei Rechtshändern) nur an der linken Hand getragen wird, gewährleistet einen rutschfreien Halt beim Schwingen des Schlägers.

Golfschuhe mit Spikes ermöglichen einen sicheren Stand beim Golfschwung und sind eine Bedingung, um auf dem Platz spielen zu dürfen (keine Straßenschuhe).

Der extra große Golfschirm darf nicht fehlen, falls es plötzlich stark zu regnen beginnt.

Die gesamte Ausrüstung sollte so bestückt sein, daß bei jedem Wetter gespielt werden kann. Schlechtes Wetter - Gewitter ausgenommen - ist für keinen Golfer ein Grund, nicht zu spielen. Bezüglich der Kleidung auf dem Golfplatz gibt es im allgemeinen keine Vorschriften. Am besten ist man locker und sportlich angezogen. Pullover und Hemden sollten möglichst weit geschnitten sein, damit sie viel Bewegungsfreiheiten bieten. »Es gibt kein schlechtes Wetter«, so sagen Golfer, »es gibt nur Leute, die falsch angezogen sind!« - An Regentagen empfiehlt sich deshalb ein spezieller »knisterfreier« Regenanzug, der ebenfalls weit geschnitten sein sollte. Eine solch funktionelle Ausrüstung hebt nicht nur die Freude am Sport, sondern ermöglicht es auch, bei jedem Wetter Golf zu spielen.

Der Lernprozeß

Golf ist sicherlich eine sehr komplexe Sportart und wird somit nie langweilig. Es gibt keinen der das Spiel, falls er engagiert dabei geblieben ist, nicht gelernt hat. Gewiß, aller Anfang ist schwer, und es gehört schon eine Portion Geduld dazu, ehe sich die ersten Erfolgserlebnisse einstellen.

Ihr Weg als Neuling beginnt mit 3 bis 4 Unterrichtsstunden in ununterbrochener Reihenfolge. Nach ca. 3-6 Monaten spielen Sie die ersten 3 bis 10 Runden mit Ihrem Lehrer auf dem Platz. Dann bekommen Sie die sogenannte Platzreife und können alleine spielen.

Die Clubs achten mit Recht darauf, daß jedes seiner Mitglieder über Regeln und Etikette Bescheid weiß und zügig spielt, denn am Wochenende wollen viele Golfer spielen. Sind dann ein paar Trödler unterwegs, behindern sie den gesamten Spielbetrieb. Ohne Lehrer (Pro) können Sie keinen korrekten Schwung erlernen. Es mag vielleicht unter Tausend eine Ausnahme geben, die Golf ohne Hilfe lernt, aber ratsam ist es auf keinen Fall. Nehmen Sie lieber ein paar Stunden Unterricht zuviel als zu wenig. Fehler schleichen sich schnell ein und werden bald zur Gewohnheit. So kann man natürlich kaum Fortschritte machen. Wer keine Erfolge sieht und jahrelang immer mehr schlecht als recht über die Runden kommt, wird bald keine große Freude am Spiel haben. Selbst Spitzenprofis nehmen regelmäßig Unterricht, da selbst sie sich nun einmal nicht bis ins letzte Detail selbst kontrollieren können.

Wieviel Unterricht der einzelne letztendlich benötigt, steht in keinem Buch und ist in keiner Regel festgelegt. Zu Beginn braucht man natürlich mehr Stunden als später, wenn Sie den Sport bereits einigermaßen beherrschen. Etwa 30 bis 40 Unterrichtsstunden, so eine Faustregel, gewährleisten in jedem Fall einen guten Einstieg in die Grundtechnik Auf keinen Fall jedoch sollte es versäumt werden, zwischen den Stunden selbst zu üben. Ansonsten wären die Lektionen nicht effektiv genug.

Wenn Sie alleine üben, suchen Sie sich ein ruhig gelegenen, ebenen Platz auf der Übungsbahn (Drivingrange) und beginnen mit ein paar Lockerungsübungen. Üben Sie nur das im Unterricht Durchgenommene und vergessen Sie nicht, auf ein Ziel zu schlagen. Spätestens nach einer Stunde machen Sie dann mindestens 30 Minuten Pause. Selbst bei Regen können Sie üben, da die meisten Anlagen spezielle Regenhütten mit eingelegtem Kunststoffrasen besitzen.

In der ersten Stunde beginnt man gewöhnlich mit einem Eisen 6 oder 7, das von den Abmessungen her ungefähr in der Mitte eines Satzes liegt. Der Ball ist damit leichter zu schlagen. In dieser Phase wird auch festgestellt, ob man links oder rechts herum schwingen soll.

Manche Lehrer beginnen mit gezielten gymnastischen Übungen, andere mit hal-

21

ben oder ganz kleinen Schwüngen. Beide und auch manch andere Methoden sind zu empfehlen. Nach einigen Stunden Unterricht und Training lernt man mit anderen Schlägern umzugehen, um verschiedene Schlagweiten und -arten zu beherrschen. Ist der Golfschüler dann bei jedem Schlag einigermaßen sicher, geht es auf den Platz. Das auf der Drivingrange Erlernte ist etwas schwierig auf den Platz zu übertragen und bringt anfangs Einbrüche und Enttäuschungen mit sich. Das Spielen auf dem Platz ist viel komplexer als auf der Drivingrange. Das Spektrum der verschiedenen Schläge ist viel weiter gespannt, von nachfolgenden Spielern wird man abgelenkt, und auf Regeln und Etikette muß geachtet werden. So kommt es, daß man sich nicht so stark auf den Schwung konzentriert und deshalb schlechter schlägt. Nach ein paar Runden jedoch hat man sich daran gewöhnt. Die Spielfreigabe (= Berechtigung, alleine auf dem Platz zu spielen) und somit den Eintrag in den Mitgliedsausweis erhält der Golfanfänger vom Golflehrer, nachdem er einige Male mit diesem über den Platz gegangen ist. Wer sich sicher fühlt, kann, je nach Vorschriften des Clubs, an kleineren Turnieren teilnehmen.

Viele soweit schon Fortgeschrittene machen ab dieser Stufe einen entscheidenden Fehler: Sie hören auf zu trainieren und nehmen keinen Unterricht mehr. Sie spielen dann nur noch auf dem Platz. Die Schwungtechnik leidet dann und Fehler schleichen sich ein. Denn auf dem Platz konzentriert man sich ausschließlich auf sein Spiel und nicht auf die Technik. Der Schwung wird immer schlampiger, bis das Spiel keine Freude mehr macht. Es ist zu empfehlen, auf jeden Fall weiter zu trainieren und Unterricht zu nehmen. Die Schwungbewegung beispielsweise ist zwar nicht schlecht, aber deshalb noch lange nicht ausgefeilt. Das kommt erst im Lauf der Jahre.

In vier Schritten zum guten Schwung

Die Schwungtechnik wird in diesem Buch nicht als Hauptkapitel behandelt. Wer sich ausführlicher über die Schwungtechnik informieren möchte, der tut dies in besonderen Lehrbüchern. Hier sollen nur die wichtigsten Grundbegriffe und Übungen vermittelt werden.

Schritt I:
Lernen Sie die Physik -
Ballfluggesetze

Um ein grundlegendes Verständnis für den Schwung zu bekommen, muß man wissen, was den Flug des Balles letztendlich bestimmt. Das richtige Auftreffen des Schlä-

gers an den Ball ist das einzige Ziel der gesamten Schwungtechnik. Fünf Faktoren bestimmen den Flug des Balles:

1. Schwungrichtung
2. Stellung der Schlagfläche
3. Auftreffwinkel
4. Treffpunkt am Schläger
5. Schlägerkopfgeschwindigkeit

1. Schwungrichtung

Um einen geraden Schlag hervorzubringen, muß im Treffmoment die Schwungrichtung in Verbindung zum Ziel verlaufen (von innen nach innen (Abb. 16 a) und die Schlagfläche gerade an den Ball treffen.

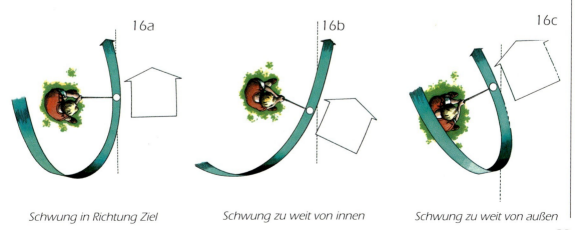

16a   16b   16c

Schwung in Richtung Ziel   Schwung zu weit von innen   Schwung zu weit von außen

Die Schwungrichtung kann auch nach rechts (von innen nach außen Abb. 17 b) und nach links (von außen nach innen Abb. 17 c) sein. Dann startet der Ball nicht geradeaus, sondern nach rechts bzw. links.

2. Stellung der Schlagflächen

Für den weiteren Flug des Balles ist die Stellung der Schlagfläche verantwortlich. Sie kann gerade (Square - Nr. 17 a) nach links (geschlossen - Nr. 17 b) oder rechts (offen -

Nr. 17 c) zeigend an den Ball kommen. Trifft die Schlagfläche im Verhältnis zur Schwungrichtung geschlossen an den Ball, so bekommt er einen Drall nach links. Bei einer offen auftreffenden Schlagfläche dreht der Ball nach rechts ab. Daraus ergeben sich neun verschiedene Möglichkeiten (s. Tabelle Seite 26). Man kann es gar nicht genug wiederholen: Die Startrichtung des Balles wird durch die Schwungrichtung und der Drall durch die Stellung der Schlagfläche verursacht.

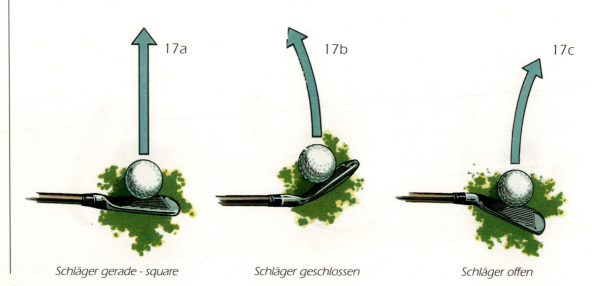

17a   17b   17c

Schläger gerade - square   *Schläger geschlossen*   *Schläger offen*

3. Auftreffwinkel

Der Loft (Neigungswinkel) des Schlägerkopfes und der Auftreffwinkel bestimmen
die Flughöhe des Balles und geben ihm
zusätzlich einen mehr oder weniger starken
Rückwärtsdrall. Über den Loft haben Sie
schon im Kapitel 4 gelesen. Der ideale Auftreffwinkel ist, wenn der Schläger seinen
tiefsten Punkt am Ball hat (19 a). Schwingen
Sie im Treffmoment von oben nach unten
an den Ball (19 b), so startet er flach und
steigt im weiteren Verlauf des Fluges. Vom

Tee wird der Ball unterschlagen. Wenn der
Schläger im Treffmoment von unten nach
oben schwingt (19 c), beginnt der Ball hoch
zu starten und fällt danach relativ schnell
ab. Die Version wie im Bild 19c gezeigt,
ermöglicht einen längeren Ballflug, dies ist
aber nur bei erhöhter Ballage, also auf
einem Grasbüschel oder Tee möglich.
Bei beiden Schwüngen ist die Toleranzgren-
ze sehr eng. Ein bißchen zu weit von unten
nach oben oder umgekehrt, und schon trifft
der Schläger nur noch mit der unteren
Kante oben an den Ball. Das Resultat ist ein
rollender Ball (Top).

19a   19b   19c

Korrekter Eintreffwinkel   *Zu steiler Eintreffwinkel*   *Zu flacher Eintreffwinkel*

Die 9 Ballflugarten

Schlagart	Ballflug	Schläger
1. Gerader Schlag	Ball fliegt in gerader Linie zum Ziel	Die Schwungrichtung verläuft zum Ziel und die Schlagfläche zeigt gerade
2. Einfacher Slice	Ball fliegt zuerst gerade und dreht dann rechts ab	Die Schwungrichtung veläuft zum Ziel und die Schlagfläche zeigt offen (nach rechts)
3. Einfacher Hook	Ball fliegt zuerst gerade und dreht dann nach links ab	Die Schwungrichtung verläuft zum Ziel und die Schlagfläche zeigt geschlossen (nach links)
4 Pull	Der Ball fliegt gerade nach links	Die Schwungrichtung verläuft nach links und die Schlagfläche steht gerade
5. Pull-Slice	Der Ball startet nach links und dreht rechts ab	Die Schwungrichtung verläuft nach links und die Schlagfläche zeigt nach rechts
6. Pull-Hook	Der Ball startet nach links und dreht weiter nach links ab	Die Schwungrichtung verläuft nach links und die Schlagfläche zeigt nach links
7. Push	Der Ball fliegt gerade nach rechts	Die Schwungrichtung verläuft nach rechts und die Schlagfläche zeigt gerade
8. Push-Slice	Der Ball startet nach rechts und dreht weiter nach rechts	Die Schwungrichtung verläuft nach rechts und die Schlagfläche zeigt nach rechts
9. Push-Hook	Der Ball startet nach nach rechts und dreht nach links ab	Die Schwungrichtung verläuft rechts und die Schlagfläche zeigt nach links

4. Treffpunkt am Schläger +
5. Schlägerkopfgeschwindigkeit

Je schneller der Schläger im Treffmoment schwingt, desto weiter fliegt der Ball. Aber für die Länge eines Schlages sind auch andere Faktoren entscheidend. Denn die größte Geschwindigkeit nützt nichts, wenn der Schläger falsch an den Ball kommt. So muß der Ball in der Mitte der Schlagfläche getroffen werden (Sweet Spot), um die volle Masse des Schlägers hinter den Ball zu bringen. Jede kleine Abweichung hat einen Verlust an Schlaglänge zur Folge.

Leider wissen nur sehr wenige Golfer über diese Gesetze Bescheid, dabei sind die eben beschriebenen Ballfluggesetze die Grundlagen für ein konstruktives Training. So üben die meisten leider nur Bewegungen ein, die in keinem Verhältnis zu den Schwungproblemen stehen und das Training zu einer besseren Schwunggymnastik degradieren. Lieber üben Sie etwas weniger, aber überlegen erst mal fünf Minuten. Wenn Sie dann zu keinem Ergebnis kommen, ist es höchste Zeit, wieder ein paar Unterrichtsstunden zu nehmen. Falsches Training verschlechtert oft den Schwung.

Schritt II:
Die Geometrie des Schwunges

Die Geometrie des Körpers zwingt dem Golfer zwei Faktoren auf, von denen er zu einer ganz bestimmten Bewegung angehalten wird.

1. Er steht in einem gewissen Abstand vom Ball.
2. Der Ball liegt unter ihm.
   Daraus ergeben sich folgende Kriterien:
   a) Schwungrichtung b) Schwungradius
   c) Schwungebene d) Position der Schlagfläche

   a) Da man einen gewissen Abstand vom Ball hat, muß der Schläger in Form eines Kreisbogens um den Körper geschwungen werden
   (Schwungrichtung Abb. 20 + 21).

   b) Da der Ball vorwärts geschlagen werden muß, schwingt man den Schläger weg vom Körper und nach vorne durch (Schwungradius Abb. 22).

   c) Da der Ball unter dem Spieler liegt, kann der Schläger nicht in einer flachen oder steilen Bahn um den Körper geschwungen werden. Der Schläger muß in einer Ebene schwingen, die ihn wieder in einer Höhe an den Ball bringt (Schwungebene Abb. 23).

20

Da der Spieler einen gewissen Abstand zum Ball hat

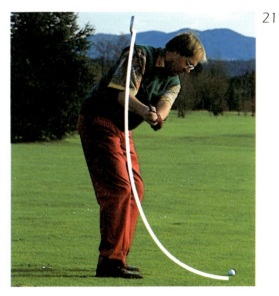

21

ergibt sich eine kreisbogenförmige Schwungrichtung

22

Schwungradius

23

Schwungebene

d) Die Schlagfläche dreht sich aufgrund dieses Kreisbogens zuerst auf und dann wieder zu Position der Schlagfläche. (Abb 24 + 25).

Die Körperbewegung wird von den Armen und Händen geführt. Da der Schläger um den Körper herum und hinauf geschwungen werden muß, dreht man den Körper beim Ausholen nach rechts und im Durchschwung nach links aus dem Weg. Die Arme schwingen und der Oberkörper sowie die Hüften drehen. Damit diese Bewegung korrekt abläuft, müssen Sie zuerst lernen, sich richtig an den Ball zu stellen und den Schläger richtig zu greifen (Ansprechposition).

24   25

Das Verhalten der Schlagfläche

Schritt III:
Nehmen Sie eine gute Ansprechposition ein

Der Griff bestimmt, wie die Schlagfläche an den Ball trifft. Zuerst stellt man die Schlagfläche gerade auf den Boden. Die linke Hand liegt oben, die rechte unten. Der Daumen der linken Hand liegt gerade herunter, alle anderen Finger umfassen den Schläger. Die linke Hand wird so weit zur rechten Schulter hin gedreht, bis 2-2 1/2 Knöchel

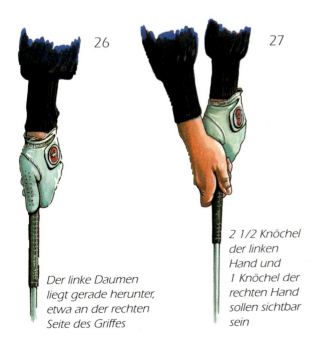

26   27

Der linke Daumen liegt gerade herunter, etwa an der rechten Seite des Griffes

2 1/2 Knöchel der linken Hand und 1 Knöchel der rechten Hand sollen sichtbar sein

31

Der kleine Finger der rechten Hand liegt auf dem Zeigefinger der linken und der Daumen der rechten Hand auf dem rechten Zeigefinger. Damit wird die rechte Hand ein wenig abgeschwächt und beide Hände werden besser miteinander verschweißt.

Ohne den Kopf zu verdrehen, muß man einen Knöchel der rechten Hand sehen können. Die Hände liegen parallel zueinander und der Griffdruck, der mehr von den Fingern ausgehen sollte, ist eher leicht als fest (Abb. 26 + 27 + 28).

28

Der kleine Finger wird auf den Zeigefinger gelegt

Hat nun der Ball mit diesem Griff ständig einen Drall nach rechts, dann müssen beide Hände nach rechts gedreht werden zur rechten Schulter hin. Dreht der Ball hingegen nach links, müssen beide Hände mehr zur linken Schulter hin gedreht werden.

Zwar wird der Griff in sich mehr oder weniger immer gleich gehalten, aber die Position der Handhaltung ist je nach Schwung unterschiedlich. Ein guter Griff jedoch ist immer die Basis für einen guten Schwung (Abb. 29 + 30).

29

Griff falsch, der Ball bekommt einen Rechtsdrall, da die Schlagfläche verkantet (offen) trifft

30

Griff falsch, der Ball bekommt einen Linksdrall, da die Schlagfläche verkantet (geschlossen) an den Ball trifft

Übung zum Griff - Die Griffhaltung

Der Griff ist sicherlich der wichtigste Teil den Sie in den ersten Jahren Ihres Golferlebens lernen müssen. Hier eine einfache Übung wie Sie den Schläger korrekt greifen lernen.

Stellen Sie den Schläger quer vor den Körper. Greifen Sie mit Ihrer linken Hand von vorne an den Schlägergriff. Der ausgesteck-

te, linke Daumen liegt rechts von der Schlägergriffmitte. So stellen Sie sicher, daß der Schläger in den Fingerwurzeln der linken Hand und die Hand korrekt am Schläger liegt.
Stellen Sie den Schläger hinter den Ball.

Greifen Sie nun mit der rechten Hand so, daß der linke Daumen bedeckt ist und nur ein rechter Fingerknöchel sichtbar ist.

Übung zum Griff - Der Griffdruck

Die Hände dürfen nicht zu verkrampft um den Schläger gelegt werden. Um dies zu verdeutlichen machen sie bitte folgende Übung.
Nehmen Sie eine Zahnpastatube o.ä. zu Hand und schrauben den Verschluß ab. Greifen Sie die Tube und drücken gerade so fest zu, daß der Inhalt der Tube nicht ausgedrückt wird. Führen Sie ein paar Schwünge aus und drücken Sie die Paste nicht aus! Der Griffdruck ist leichter als Sie es sicherlich vermutet haben. Denn nur ein leichter Griffdruck ermöglicht einen unverkrampften Schwung. Natürlich dürfen die Finger während des Schwunges nicht loslassen.

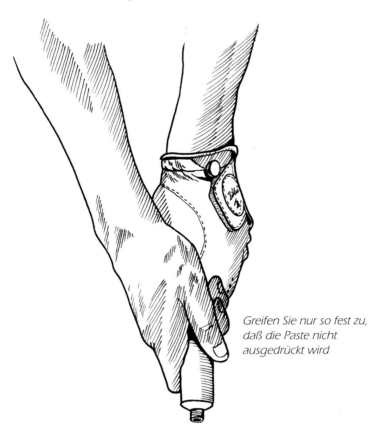

Greifen Sie nur so fest zu, daß die Paste nicht ausgedrückt wird

In Stichpunkten die Ansprechposition:

- Zuerst wird die Schlagfläche ausgerichtet. Sie muß im rechten Winkel zum Ziel zeigen. Dann folgt der Griff wie beschrieben.
- Füße, Knie, Hüfte, Schultern und Augenlinie richten Sie zu der Schlagfläche parallel aus. Der Körper steht gerade zur Flugrichtung, zeigt also parallel links vom Ziel, da er einen gewissen Abstand zum Ball hat. Diesem Abstand entsprechend muß er parallel zum Ziel zeigen.

31

Ansprechposition

- Die Füße stehen etwas schmaler als schulterbreit (Abb. 31).
- Sie sitzen etwas in den Knien und beugen den Oberkörper leicht nach vorne. Das gewährleistet einen freien, unbehinderten Armschwung.
- Der Kopf wird relativ hoch gehalten, damit die Schultern gut drehen können. Die Augenlinie zeigt gerade.
- Das Körpergewicht lastet mehr auf den Ballen und dem rechten Fuß.
- Die Arme hängen locker am Körper, und die Hände werden so gehalten, daß der Schläger voll auf der Sohle steht.
- Die rechte Schulter ist etwas tiefer als die linke, da man mit der rechten Hand tiefer greift.
- Der Ball liegt ungefähr gegenüber vom linken Innenabsatz oder eine Kleinigkeit rechts davon, denn dort ist bei einem korrekten Schwung der tiefste Punkt, d.h., an dieser Stelle berührt der Schläger den Boden.

Falls Sie zu der Gruppe der Linkshänder gehören, müssen Sie sich alles spiegelverkehrt vorstellen. Der Ball liegt gegenüber vom rechten Absatz, die rechte Hand greift oben, die Linke unten usw.

Nur der Abstand, die Standbreite und die Gewichtsverteilung ändern sich von Schlag zu Schlag ein wenig. Beim Holz 1, dem längsten Schläger im Satz, steht man am weitesten weg, hat den breitesten Stand und das Gewicht lastet zu ca. 65 bis 70 %

auf dem rechten Fuß. Je kürzer der Schläger, desto näher steht man am Ball und umso weniger Gewicht lastet auf dem rechten Fuß. Der Stand wird enger (Abb. 32 + 33).

Wie dies beim Einzelnen genau aussieht, hängt von der Körpergröße und dem gewählten Schläger ab. Die Ansprechposition ist das A und O eines guten Golfschwunges. Sie muß erlernt werden und in

Fleisch und Blut übergehen. Ansprechposition sowie der Griff verändern sich immer wieder einmal und müssen deshalb auch von guten Spielern stets neu eingeübt werden. Wer falsch zum Ball steht, kann keinen korrekten Schwung ausführen. Zeigen beispielsweise nur die Schultern zu weit nach links, so wird die Schwungbahn unweigerlich dorthin verlaufen und man wird gezwungen, die Bewegung auszugleichen

32

Langer Schläger -
weiter Abstand zum Ball und Gewicht
etwas mehr auf dem rechten Fuß

33

Kurzer Schläger -
kleiner Abstand zum Ball und Gewicht
auf beiden Füßen gleich verteilt

Übung für die Ansprechposition - Ausrichtung + Ballposition

Eine gute Ansprechposition ist die Grundlage für einen fehlerfreien Schwung. Um den Körper, die Schlagfläche und Ballposition korrekt auszurichten, gibt es folgende Übung:
Legen Sie ein Richtungsziel fest und legen Sie einen Schläger auf den Boden der dorthin zeigt. Das ist die Ausrichtungslinie der Schlagfläche, deren untere Kante muß im rechten Winkel zu dem am Boden liegenden Schläger zeigen.
Ein zweiter Schläger wird im Abstand von ca. 60 cm parallel dazu hingelegt. Das ist die Ausrichtungslinie Ihrer Füße und des Körpers.

Ein dritter Schläger wird quer im rechten Winkel über den zweiten Schläger gelegt. Dieser soll ca. 5 cm rechts von der linken Ferse liegen. Diese Hilfe zeigt Ihnen die Position des Balles.

Wenden Sie diese Übung immer am Anfang des Trainings auf der Drivingrange an. Nach 20 Schlägen können Sie die Schläger wieder entfernen. Nach weiteren 50 Schlägen widerholen Sie diese Übung um evtl. Veränderungen in der Ausrichtung zu kontrollieren.

Fliegt der Ball nicht in die Richtung in der Sie stehen, so haben Sie entweder einen Fehler in Ihrer Schwungrichtung oder der Griff ist nicht korrekt.

Übung für die Ansprechposition - Körperwinkel und der Abstand zum Ball

Wenn Sie Schwierigkeiten haben, den Abstand zum Ball zu finden oder den Körper richtig zu beugen, dann versuchen Sie folgende Übung.

Stellen Sie sich aufrecht, Füße ca. schulterbreit mit ausgestreckten Armen vor einen Ball

Beugen Sie die Knie etwas

Senken Sie Ihre Arme ab, ohne den Oberkörper nach vorne zu beugen bis der Schläger ca. 50 cm über dem Boden ist

Beugen Sie jetzt Ihren Oberkörper nach vorne bis der Schläger den Boden berührt

Schritt IV:
Der Bewegungsablauf

Die Körperbewegung könnte in tausend Einzelteile zerlegt und sämtlich einzeln erklärt werden. Dies jedoch ist für den Anfänger absolut unnötig und selbst für gute Spieler oft nicht erforderlich. Denn es wird oft vergessen, daß gutes Golf auch viel vom Gefühl abhängt.

Die Körperbewegung teilt sich in vier Bereiche auf: Rückschwung
Abschwung
Treffmoment
Durchschwung.

Rückschwung

Der Schläger wird aus den Armen und Händen gleichzeitig in eine leichte Innenkurve weggeschwungen. Aufgrund dieser Bewegung folgen die Schultern, Hüften und das linke Knie nach. Das rechte Knie hingegen bleibt stabil und dient als Stütze. Der Oberkörper bewegt sich im ganzen eine Winzigkeit nach rechts, in Richtung der Ausholbewegung. Die Handgelenke geben dem Schwung die nötige Geschwindigkeit und beginnen ungefähr in Hüfthöhe abzuwin-

34

35

Ansprechposition

Start des Rückschwunges

keln. Der linke Arm bleibt einigermaßen gestreckt (nicht steif) und der rechte Arm winkelt im Ellenbogen ab.

Der Schläger muß aus den Armen und Händen in die richtige Richtung, Ebene und im korrekten Radius geschwungen werden. Um dies zu erreichen, muß aufgrund des Armschwunges im Rückschwung die rechte Körperseite aus dem Wege drehen. Die Schultern und Hüften drehen in einer flacheren Ebene als die Arme schwingen.

Am Ende des Rückschwunges soll der Schläger, wenn er in der Waagrechten steht, parallel zum Ziel zeigen, die Spitze der Schlagfläche zeigt nicht ganz senkrecht zum Boden. Die Schultern sind um ca. 90° und die Hüften um 45° gedreht. Die Hände und der Schläger befinden sich zwischen dem Hinterkopf und den Schultern. Wo genau, das hängt jeweils von der Länge des Schlägers ab. Bei einem langen Schläger steht man weiter vom Ball weg, und der Schwung wird etwas flacher (mehr zur Schulterlinie). Ist der Spieler gelenkig genug, wird bei einem vollen Schwung der Schläger ungefähr bis zur Waagrechten oder etwas weiter zurückgeschwungen (Abb. 34 + 35 + 36).

36

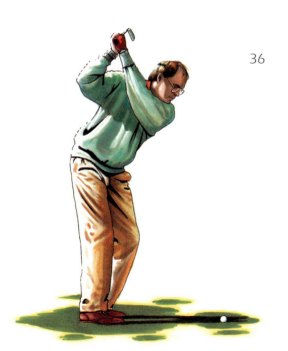

Am Ende des Rückschwunges zeigt der Schläger parallel zum Ziel

Abschwung

Im Abschwung muß der Schläger dieselbe Bahn wie im Aufschwung nehmen. Die Arme leiten die Bewegung ein, gefolgt von den Beinen, Hüften und Schultern. Der Unterkörper beginnt von der linken Seite her sich eine Kleinigkeit aus dem Weg zu drehen, bevor noch die Arme den Rückschwung ganz beendet haben. Subjektiv sollten Sie jedoch Arme führen und die Unterkörperdrehung als Folgebewegung empfinden, denn wenn Hüfte und Beine zu früh gestartet werden, werfen Sie den Schläger aus der korrekten Schwungkurve (Abb. 37).

Treffmoment

Zum Treffmoment hin winkeln die Handgelenke von selbst wieder zurück, und der rechte Arm begradigt sich. Infolge der Unterkörperdrehung hebt sich der rechte Absatz vom Boden ab (Abb. 38). Im Treffmoment stehen die Schultern gerade, die Hüften leicht offen und die Handgelenke sind voll zurückgewinkelt.

37

Der Abschwung beginnt mit den Armen

38

Treffmoment - die Hüfte ist etwas aus dem Weg gedreht

Durchschwung

Im Durchschwung dreht sich der Unterkörper aufgrund des Armschwunges immer weiter, der rechte Arm wird gestreckt und der linke winkelt ab. Ab Ende des Durchschwunges ist der Vorderkörper in Richtung Ziel gewandt, der rechte Fuß steht voll auf der Spitze, und die Arme befinden sich zwischen Hinterkopf und Schultern. Das Körpergewicht verlagert sich in den Beinen nach rechts im Rückschwung und nach links im Durchschwung. Die Schultern sind der passivste Teil und folgen nur dem Armschwung und der Unterkörperdrehung (Abb. 39).

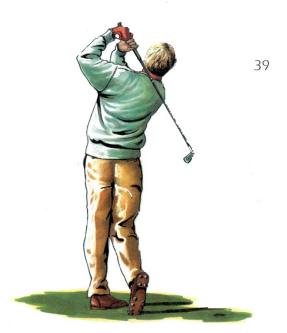

39

Durchschwung - eine gute Endposition beinhaltet eine ausbalancierte Haltung

Natürlich müssen diese Bewegungen gut aufeinander abgestimmt sein und im richtigen Rhythmus verlaufen. Im Rückschwung wird der Schläger langsam nach innen weg und hoch geschwungen. Im Wechsel zwischen Auf- und Abschwung ist das Tempo am langsamsten, erst zum Treffmoment hin wird der Schläger beschleunigt, da er erst dort die höchste Geschwindigkeit haben soll.

Die wichtigsten Teile des Schwunges sind die Ansprechposition und der Rückschwung und Start des Abschwunges. Der weitere Abschwung und vor allen Dingen der Durchschwung sind nur Folgen der vorher genannten Bewegungen. Macht man am Anfang Fehler, besteht das Problem, daß Kompensationsbewegungen gemacht werden müssen, die dann viele Nachteile mit sich bringen.

Da die Arme den längsten Weg zurückzulegen haben, sollten sie auch den Schwung führen. Aufgrund des Armschwunges, drehen sich im Rückschwung die Schultern und Hüften mit, ebenso im Ab- und Durchschwung. Der Körper reagiert aufgrund des Armschwunges. Es gibt natürlich auch andere Theorien die die Schultern oder Hände als Führung empfehlen. Aber ein guter Armschwung läßt sich leichter ausführen und gibt einen ruhigen und im richtigen Timing ablaufenden Schwung.

40

43

41

42

44

45

Übungen für den vollen Schwung - Die Körperdrehung und Gewichtsverlagerung

Diese Übung verdeutlicht Ihnen die Bewegung und das Zusammenspiel des Körpers und der Arme. Achten Sie bei der Übung auf den linken Arm - er ist wie bei einem korrekten Schwungablauf nicht durchgesteckt.

Stellen Sie sich schulterbreit hin, beugen die Knie und den Oberkörper etwas nach vorne. Greifen Sie mit beiden Händen - ca. 40 cm auseinander - von unten an den Schirm.

Versuchen Sie nun den aus dieser Position, ohne mit den Händen loszulassen auszuholen und den Schirm nach vorne zu werfen. Die Arme und Schultern müssen beim Ausholen zusammen schwingen bzw. drehen. Das Körpergewicht verlagert sich auf den rechten Fuß.

Im Durchschwung verlagert sich das Körpergewicht auf den linken Fuß und die Arme sowie Schultern schwingen bzw. drehen sich nach vorne. Der Oberkörper und Kopf bleiben während dieser Übung immer in der selben Stelle. Die Augenlinie folgt der Schwungbewegung, der Kopf dreht mit.

Diese Übung demonstriert die Körperdrehung

Übungen für den vollen Schwung - Der Armschwung

Die Arme sind der führende Teil des Schwunges und müssen frei und ungehindert schwingen können. Falls sich Ihr Schwung einmal verkrampft und schlecht anfühlt, schafft diese Übung sofort einen lockeren und sicheren Schwung. Sie reduziert außerdem übermäßigen Körpereinsatz und verbessert die Balance während des Schwunges.

Nehmen Sie ein Eisen 7 und teen den Ball auf. Stellen Sie die Füße ganz zusammen und schlagen aus dieser Position Bälle. Lassen Sie Ihre Arme frei schwingen und versuchen Sie die Balance zu halten. Verlieren Sie Ihre Standposition, so haben Sie entweder den Körper übermäßig eingesetzt oder waren zu verkrampft.

Schlagen Sie zuerst 20 Bälle aufgeteet, dann 20 Bälle vom Boden. Anschließend versuchen Sie den selben lockeren Schwung mit einem breiten Stand.

Mit dieser Übung können Sie hervorragend den Armschwung üben

Übungen für den vollen Schwung - Der Rückschwung

Ein guter Rückschwung zieht automatisch einen guten Ab- und Durchschwung nach sich. Folgende Übung hilft Ihnen einen guten Rückschwung zu finden. Das beinhaltet eine korrekte Schulterdrehung, das Abwinkeln der Handgelenke, so daß die Schlagfläche sich nicht verdreht und eine zielorientierte Ausrichtung des Schlägers am Ende des Rückschwunges.

Nehmen Sie Ihre Ansprechposition ein und heben die Arme bis zur Höhe Ihres Bauchnabels ohne den Oberkörper aufzurichten.

Winkeln Sie die Handgelenke ab, so daß der Schläger gerade nach oben zeigt (so müssen die Handgelenke auch während des Schwunges abwinkeln).

Drehen Sie aus dieser Haltung heraus die Schultern um 90 Grad, ohne die Oberkörperhaltung zu verändern. Das rechte Knie bleibt wie zuvor bei der Ansprechposition leicht gebeugt.
Am Ende des Rückschwunges zeigt der Schläger parallel zum Ziel bzw. Ihren Füßen. Halten Sie ein paar Sekunden in dieser Haltung an.

Sie können auch Bälle schlagen. Teen Sie den Ball auf, machen Sie die eben genannte Übung, schwingen mit den Armen hinunter zum Ball und in den Durchschwung.

Ansprechposition einnehmen   *Arme und Handgelenke abwinkeln*   *Schultern drehen*

Übungen für den vollen Schwung - Die Schwungrichtung

Die Schwungrichtung ist neben der Stellung der Schlagfläche die Grundlage der Schwungphysik. Sie läßt den Ball in die korrekte Richtung starten und den Schläger im richtigen Auftreffwinkel an den Ball treffen. Für das Training der Schwungrichtung gibt es folgende hervorragende Übung.

Stellen Sie sich mit Ihrem Rücken vor eine Wand, Ihre Fersen ca. 50 cm entfernt. Schwingen Sie mit einem Eisen 5 oder auch einem Holz vor der Wand.

Während des gesamten Schwunges darf der Schläger die Wand nicht berühren. Berührt der Schläger die Wand so wie hier in der Ausholbewegung so haben Sie die korrekte Schwungrichtung verlassen. Schwingen Sie die ersten paar mal ganz langsam und wenn Sie sich sicher sind, immer schneller, bis zu Ihrem normalen Schwungtempo.

Korrekte Schwungrichtung   Korrekte Schwungrichtung   *Falsche Schwungrichtung - zu weit innen*

49

Kurzes Spiel

Das kurze Spiel beinhaltet alle Schläge um und auf dem Grün. Sie stellen zu ca. 2/3 alle Schläge des Spiels dar. Es gibt 4 Schlagarten: 1. Putt
      2. Chip
      3. Pitch
      4. Bunkerschlag

Der einfachste Schlag ist der Putt (der Schlag in das Loch), da der Ball nicht hochgeschlagen werden muß und nur ein sehr kleiner Schwung erforderlich ist. Der Chip wird schon etwas schwerer. Das ist ein Annäherungsschlag, der flach auf dem Grün aufkommt. Der Pitch ist der schwierigste Schlag, da er sehr hoch und plaziert gespielt wird.

Der Ball soll bei allen Annäherungsschlägen auf dem Grün aufsetzen und die restliche Strecke zur Fahne rollen. Das Grün ist die gepflegteste Fläche und ermöglicht dem Ball einen einwandfreien Lauf. Kommt der Ball vor dem Grün auf, so können Bodenunebenheiten, höheres Gras usw. ihn aufhalten oder ablenken.

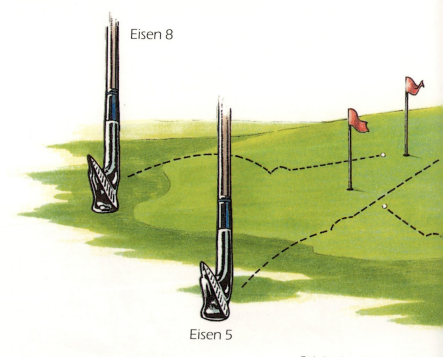

Eisen 8

Eisen 5

Bei der Annäherung verwer.

Für den Chip verwendet man die Eisen 5 bis 9, je nach dem wie hoch der Ball fliegen und wie weit er ausrollen soll. Kann der Ball weit ausrollen (weil z.B. die Fahne im hinteren Teil des Grüns steht), so spielt man ein Eisen 5. Soll der Ball höher fliegen und somit schneller liegen bleiben, verwendet man ein Eisen mit mehr Loft (6, 7, 8, 9).

Der Pitch wird gebraucht, wenn der Ball schon etwas weiter vom Grün entfernt liegt, oder über Hindernisse, Bodenwellen usw. gespielt werden soll, jedoch kein voller Schlag gespielt werden muß. Für den Pitch verwendet man den sogenannten Pitching-wedge (Eisen 10), oder das selten in einem Schlägersatz befindliche Eisen 11.

Bei den vollen Schlägen erreicht man eine bestimmte Schlaglänge aufgrund des Loft und der Länge des Schlägers. Der Spieler macht einen vollen Schwung und weiß, daß er mit seinem Eisen 7 z.B. 130 m weit schlägt, wenn er den Ball gut trifft. Das ist beim kurzen Spiel anders. Sicherlich spielt da auch die Schlägerwahl eine Rolle, aber die Länge des Schlages wird primär durch die Schwunggröße bzw. durch die Geschwindigkeit des Schlägers im Treffmoment festgelegt (Abb. 46).

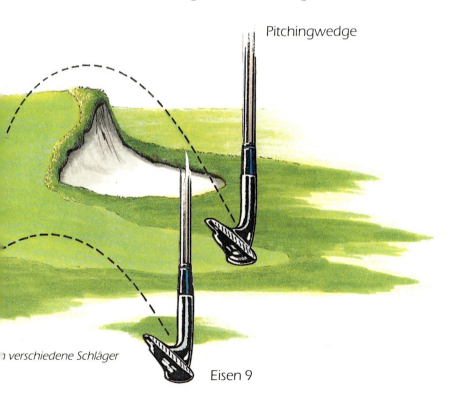

Pitchingwedge

verschiedene Schläger

Eisen 9

Putt-Technik

Beim Putten steht der Spieler relativ nahe am Ball, er schaut senkrecht auf ihn hinunter. Der Stand ist schmal, die Haltung etwas gebückter, aber ansonsten bleibt die Ansprechposition dieselbe (Abb. 47 + 48). Der Schläger wird nur mit den Armen flach am Boden zurück und wieder nach vorne geschwungen (Abb. 50 + 51). Handgelenke und Körper bleiben ruhig, nur die Schultern bewegen sich auf und ab aufgrund des Armschwunges (Abb. 50). Der Ball rollt noch nicht deshalb ins Loch, weil ein perfekter Schwung beim Putt vorausgegangen ist und der Ball auch sauber getroffen wurde. Man muß lernen, ein Grün zu lesen. Das bedeutet, daß alle Bodenunebenheiten, die Bodenbeschaffenheit, Wind, Grashöhe und die Wachstumsrichtung des Grases richtig eingeschätzt werden müssen. Bei Bergauf- oder Bergabputts muß der Schlag fester bzw. weicher ausfallen. Wenn es geregnet hat, rollt der Ball langsamer als bei trockenem Grün. Bei einem guten Putt jedenfalls spielt das richtige »Grün-Lesen« und eine Portion Selbstvertrauen eine größere Rolle als die Technik.

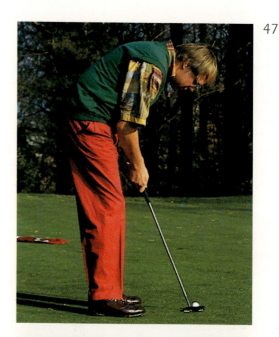

47

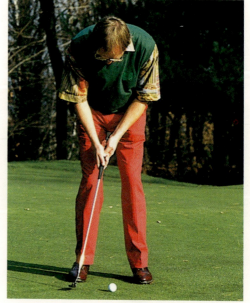

50

48 **Der Puttgriff**

Es gibt verschiedene Puttgriffe, der hier gezeigte ist der gebräuchlichste. Der Puttergriff ist eckig geformt, damit beide Hände auseinandergehalten werden können. Da man beim Putten ohne Handgelenkeinsatz schwingen soll, werden beim Griff beide Hände auseinander gehalten.

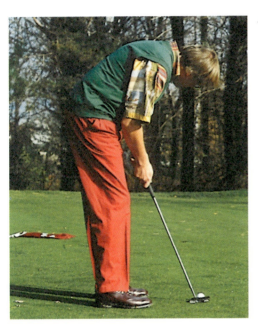

51

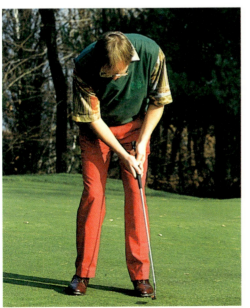

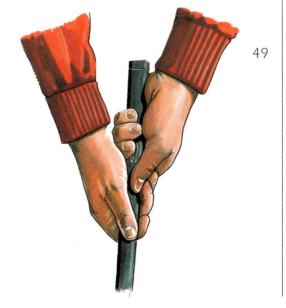

49

Übung zum kurzen Spiel - Der Putt - Ausrichtung und Schwungrichtung

Wie beim vollen Schlag ist beim Putten die Ausrichtung eine sehr wichtige Grundlage. Folgende Übung verhilft Ihnen zu einer guten Ausrichtung und einer korrekten Schwungrichtung.

Suchen Sie sich eine ebene Fläche auf dem Puttinggrün, ca. 2-3 Meter vom Loch entfernt. Legen Sie 2 Schläger parallel auf den Boden, die etwas weiter als der Putterkopf breit ist, auseinanderliegen. Der Zwischenraum soll direkt auf das Loch zeigen.

Richten Sie die Schlagfläche im rechten Winkel zu den Schlägern aus und stellen Sie Ihre Füße und den Körper parallel dazu. Schwingen Sie nun den Schläger innerhalb der beiden am Boden liegenden Schläger zurück und durch. Der Schlägerkopf darf die beiden Schläger nirgends berühren. Der Schwung erfolgt ohne Einsatz der Handgelenke, lediglich die Arme und Schultern bewegen sich als eine Einheit. Der übrige Körper, der Kopf sowie die Beine bleiben absolut ruhig.
Finden Sie die richtige Schwunglänge heraus, der Schlag ist relativ kurz und somit auch Ihre Schwungbewegung.

Diese Übung hilft die Schwungrichtung zu verbessern

Übung zum kurzen Spiel - Der Putt - Üben der Entfernung

Neben der Schlagrichtung ist die Dosierung des Putts von großer Wichtigkeit. Denn die beste Richtung hilft wenig, wenn der Putt falsch dosiert ist. Die Länge des Putts hängt von der Größe des Schwunges und seiner Geschwindigkeit ab. Um das zu erfühlen, können Sie folgende Übung durchführen.

Stellen Sie sich ca. 5-15 Meter vom Loch entfernt auf und putten Sie mit geschlossenen Augen. Schauen Sie den Ball nicht hinterher. Schätzen Sie zuerst wie weit der Ball geschlagen wurde. Zu lang - zu kurz - links vorbei oder rechts vorbei. Erst dann überprüfen Sie den Schlag und vergleichen Ihre Schätzung mit dem aktuellen Ergebnis. So lernen Sie Ihr Gefühl für die Entfernung besser einzuordnen.

Schätzen Sie den Putt vorher ab

55

Chip-Technik

Der Chip ist eigentlich ein etwas größerer Putt, nur mit einem anderen Schläger. Das Körpergewicht lastet auf dem linken Fuß, damit der Schläger nicht vor den Ball in den Boden schlägt. Die Augenlinie ist nicht mehr über dem Ball, da der Abstand zum Ball etwas größer als beim Putt ist. Der Schwung wird wiederum ohne Handgelenke ausgeführt, da es nicht auf einen langen, sondern genauen Schlag ankommt.
Im Durchschwung werden die Knie ein wenig mitbewegt, der rechte Absatz hebt aber kaum vom Boden ab (Abb. 52 + 53 + 54).
Der Schläger wird relativ nah am Boden zurückgeschwungen. Der Schläger trifft zuerst den Ball, dann den Boden.

52

Während der Bewegung bleibt das Körpergewicht immer auf dem linken Fuß

53

54

Übung: Der Chip - Schlägerwahl

Um das Flug- und Ausrollverhalten mit unterschiedlichen Schlägern kennen zu lernen, ist folgende Übung sehr geeignet:

Suchen Sie sich einen ebenen Platz vor dem Übungsgrün ca. 15 - 20 Meter
von der Fahne entfernt.

Legen Sie auf halbem Weg zwischen Grünanfang und Fahne einen Schläger quer auf das Grün. Jeweils in 2 Meter Abstand in Richtung Grünrand legen Sie drei weitere Schläger quer auf den Boden.
Verwenden Sie bei den Übungen die Eisen 9, 8, 7 und 6. Chippen Sie den Ball zuerst mit dem Eisen 6. Der Ball muß beim 1. Schläger aufkommen und die restliche Strecke zur Fahne rollen. Der Ball gechippt mit dem

Eisen 7 muß beim zweiten Schläger, mit dem Eisen 8 beim dritten Schläger, mit dem Eisen 9 beim vierten Schläger aufkommen und zum Loch hinrollen.
Wiederholen Sie die Übung mit allen Schlägern ein paar mal.

Sehr schnell werden Sie ein Gefühl für die verschiedenen Flugbahnen erfahren und so den richtigen Schläger auf dem Platz auswählen und anwenden lernen.

Als Anhaltspunkt folgende Tabelle:

Eisen 9	
1/2 der Strecke Flugweg	1/2 Ausrollweg
Eisen 8	
1/3 der Strecke Flugweg	2/3 Ausrollweg
Eisen 7	
1/4 der Strecke Flugweg	3/4 Ausrollweg
Eisen 6	
1/5 der Strecke Flugweg	4/5 Ausrollweg

Pitch-Technik

Der Pitch erfordert den normalen Schwung in kleinerer Ausführung. Die Handgelenke winkeln ab, allerdings nicht voll, sondern nur entsprechend der Schwunggröße. Man macht eine normale Durchschwungbewegung, die ebenfalls nur so groß wie der Rückschwung ist. Je kürzer die Entfernung, desto kleiner der Schwung, desto weniger Handgelenk- und Körpereinsatz. Die Ansprechposition bleibt wie gehabt, nur daß das Körpergewicht wiederum auf dem linken Fuß lastet und der Stand eng ist (Abb. 55 + 56 + 57). Bei allen drei Annäherungsschlägen ist die Dosierung, die nur durch eine gleichmäßige Schwungaufteilung und einen guten Rhythmus gewährleistet werden kann, das größte Problem.

Die Ausholbewegung muß genauso groß sein wie der Durchschwung. Holt man zu weit aus, so muß der Schwung zum Ball hin abgebremst werden. Ist der Rückschwung zu kurz, erfordert das zwangsläufig eine große Beschleunigung des Schlägers, um noch die nötige Länge herauszuholen. Beide Extreme führen zu Problemen in der

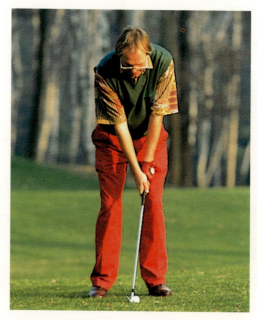

55

Der Pitch wird mit einer Körperdrehung angeführt

Koordination des Schwunges und führen zum Verlust des Gefühls für die Dosierung des Schlages. Der Schläger soll immer so weit zurückgeschwungen werden, daß man ihn leicht beschleunigend durchschwingen kann.

Die Schwungrichtung bleibt bei allen Schlägen dieselbe. Der Abstand zum Ball ist etwas näher, darum verläuft die Bahn des Schlägers nicht ganz so stark um den Körper herum. Die Schlagfläche muß sich nach wie vor im Rückschwung öffnen und im Durchschwung schließen.

56

57

Übung: Das kurze Spiel - Der Pitch

Ein weit verbreiteter Fehler ist beim Pitch oder auch beim Chip das sog. Löffeln (siehe Bild 58). Das ist der Versuch den Ball absichtlich hochzuheben. Dabei trifft jedoch nur die untere Kante des Schlägerblattes an den Ball und der wird dann getoppt (= der Ball rollt nur am Boden entlang).

Um den Ball hoch zu schlagen, muß man nur auf den Loft (Neigungswinkel der Schlagfläche) vertrauen. Der Schläger wird nach unten und durch den Ball geschwungen. Der Loft des Schlägerkopfes hebt den Ball entsprechend hoch und gibt ihm den nötigen Rückwärtsdrall.

58

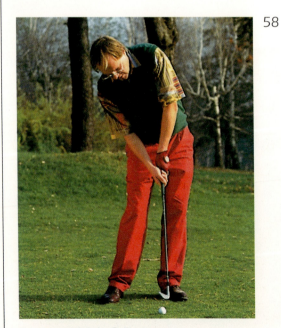

Falsch, so wird der Ball getopt

59

Richtig, der Schläger wird nach unten und durch den Ball geschwungen

Die nachfolgende Übung veranschaulicht Ihnen das.

Legen Sie hinter Ihren Ball einen Schläger quer im Abstand von 30 cm auf den Boden. Nehmen Sie Ihre Ansprechposition ein und versuchen Sie den Ball zu schlagen, ohne den Schläger der auf dem Boden liegt zu berühren. So vermeiden Sie ein Hochlöffeln und der Schläger kann den Ball gut greifen.

Eine gute Übung gegen das »Löffeln«

Schwierige Lagen - kein Problem

Bunkerschlag-Technik

Natürlich muß auch noch der Bunkerschlag gelernt werden. Dieser wird meist mit dem Sandwedge gespielt. Nur bei diesem Schläger ist die hintere Kante der Sohle höher als die vordere. Dadurch kann sich der Schläger nicht in den Sand graben. Um diesen Effekt zu verstärken, erhöht man die untere Schlägerkante noch weiter, indem man die Schlagfläche öffnet. Öffnen heißt, den Schläger in den Händen aufdrehen, so daß die Spitze der Schlagfläche zurückdreht (Abb. 60). Der Ball bekommt durch die offen ausgerichtete Schlagfläche einen Drall nach rechts, der durch einen Stand nach links ausgeglichen werden muß (Abb. 63). Der Schwung verläuft nach der Körperausrichtung, links vom Ziel. Nach einer vollen Schwungbewegung soll der Schläger kurz vor dem Ball in den Sand schlagen. Man führt einen vollen Durchschwung aus (Abb. 61 + 62 + 63 + 64). Ein Sandkissen quetscht dann den Ball heraus. Dieser Schlag ist etwas ungewöhnlich und muß eine Zeitlang geübt werden, da die ungewohnte Ansprechposition und der nachgiebige Sand zuerst sehr störend wirken. Zu beachten ist im Bunker eine besondere Regel: Der Schläger darf nicht aufgesetzt werden.

60

Der Schläger muß in den Händen aufgedreht werden

63

Ansprechposition

61

Voller Rückschwung

62

Der Schläger trifft zuerst in den Sand

64

Voller Durchschwung

Schlag aus dem Fairwaybunker

In einem Fairwaybunker darf der Schläger auf keinen Fall zuerst den Sand berühren, denn der Ball soll mit aus dem Bunker fliegen. Darum wird hier der Ball gegenüber vom rechten Fuß gespielt und das Gewicht auf den linken Fuß gelegt. Achten Sie bei der Schlägerwahl darauf, daß der Ball hoch genug über die vordere Bunkerkante fliegen kann.

Übung zum kurzen Spiel - Übung aus dem Grünbunker

Für einen guten Bunkerschlag benötigen Sie ein flaches Durchgleiten des Schlägers durch den Sand. Jedes tiefe Hacken in den Sand läßt den Schlag zu kurz werden und der Ball bleibt im Bunker liegen.

Teen Sie Ihren Ball im Bunker auf. Drücken Sie das Tee so weit in den Sand, daß gerade der Kopf davon noch aus dem Sand zeigt. Versuchen Sie nun den Kopf des Tees aus dem Sand zu schlagen. Sie werden sehen, daß der Ball mit viel Rückwärtsdrall und relativ wenig Sand aus dem Bunker fliegt.

Schlagen Sie nicht zuviel Sand heraus, sonst fliegt der Ball zu kurz

Übung zum kurzen Spiel -
Übung aus dem Bunker

Haben Sie immer noch Probleme mit dem Bunkerschlag? Dann bewirkt diese Übung wahre Wunder. Denn für einen guten Bunkerschlag ist es wichtig, daß Sie zuerst den Sand und dann den Ball treffen und einen vollen Durchschwung machen.

Ziehen Sie sich mit der Spitze Ihres Sandwedge zwei parallel zueinander laufende Linien im rechten Winkel zum Ziel, ca. 15 cm auseinander, in den Sand.

Ihre Standbreite sollte etwas weiter sein als die beiden Linien. Üben Sie mit vollen Schwüngen. Der Schläger soll zuerst in der

1. Linie in den Sand eingraben und bei der zum Ziel näher liegenden Linie wieder herausgleiten. Der dabei herausgeschlagene Sand muß auf das Grün fliegen.

Über Sie das ein paar Mal. Wenn Ihnen das gelingt, so legen Sie einen Ball in die Mitte der beiden Linien und versuchen Sie mit dem selben Schlag den Sand und Ball aus dem Bunker zu befördern.

Wenn Ihnen das fünf mal hintereinander gelingt, sind Sie bereit, auf dem Platz erfolgreich aus dem Bunker zu schlagen.

Der Schläger muß immer vor dem Ball den Sand treffen

Schlag aus dem Rough

Liegt der Ball im Rough, im hohen Gras oder in einem Fairwaybunker, dann muß ebenfalls eine abgewandelte Ansprechposition eingenommen werden (Abb. 65). Sollte er sehr tief im Gras liegen, empfiehlt sich ein Schläger mit mehr Loft, etwa ein Eisen 8 oder 9.

Befindet sich der Ball in einer besseren Position, tut es, je nach Entfernung zum Loch, ein Eisen mit einer niedrigeren Zahl. Generell jedoch wird der Ball in einem der genannten Fälle mehr vom rechten Fuß aus gespielt. Das Körpergewicht lastet dabei mehr auf dem linken Fuß. Dies hat den Vorteil, daß der Schläger einen steileren Auftreffwinkel hat und sich das Gras nicht so stark um den Schläger wickeln und den

65

Aus guten Lagen kann auch mit dem Holz geschlagen werden

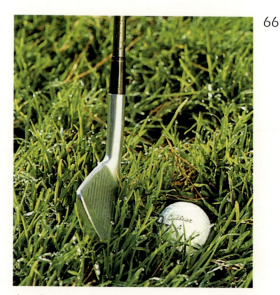

66

Aus dieser Lage kann man noch ein Eisen 5 verwenden

Schwung dadurch bremsen kann. Der Schwung aus den Armen erfolgt etwas enger am Körper. Liegt der Ball, durch das Gras gehalten, in höherer Position, kann auch mit einem Holz gespielt werden. Wobei hier das Körpergewicht stärker auf dem rechten Fuß belastet werden muß. So wird ein Unterschlagen des Balls vermieden.

Im Laufe der Zeit lernt der Anfänger auch noch andere Schlagtechniken aus dem Rough und überhaupt andere Schläge. Alle jedoch basieren auf der Grundbewegung und werden lediglich abgewandelt. Unter anderem ist später einmal die Beherrschung eines absichtlich höheren oder flacheren Schlages ein wichtiger Teil der Schlagtechnik. Wenn aber eine gute Basis da ist, lernt man auch solche Schläge schnell.

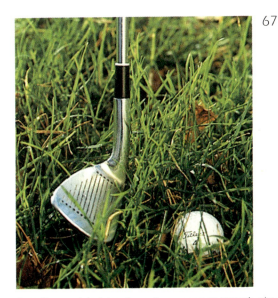
67

Aus dieser schlechten Lage kann man nur noch ein Pitchingwedge verwenden

68

Das Körpergewicht lastet mit dem linken Fuß, der Ball wird gegenüber der Mitte der Beine gespielt

Abschließend noch ein Rat an alle, die schon etwas fortgeschrittener sind, oder eben auf der Drivingsrange üben: Die gutgemeinten Ratschläge von Bekannten, »laß den Kopf unten, halt den linken Arm gerade und schwing nicht so schnell«, helfen kaum weiter. Meist haben sie mit dem Schwungproblem des Übenden nichts zu tun, sind subjektiv und deshalb höflich zu überhören. Auch wenn jene Ratschläge von besseren Spielern kommen. Ansonsten kann es leicht geschehen, daß bei zu vielen guten Tips die Grundlagen vergessen werden und ein falscher Schwung aufgebaut wird. Der Weg des Anfängers hin zum guten Golfspieler führt nur über die Zusammenarbeit mit dem Golflehrer.

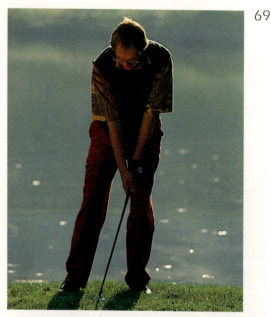

69

Hier sieht man deutlich das Körpergewicht auf dem linken Fuß. Der Oberkörper ist in Richtung Ziel geneigt.

70

Der Rückschwung erfolgt eng am Körper

Hanglagen

Es gibt vier verschiedene Hanglagen. Jede Situation wird unterschiedlich gehandhabt. Diese Spielsituationen übt man schon sehr früh ein, da sie höchstwahrscheinlich schon ab der ersten Golfrunde gebraucht werden.

71

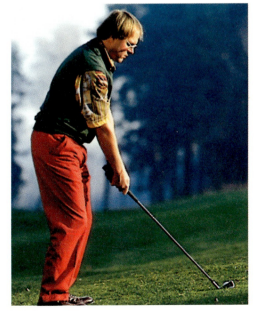

Bergauflage

Als Grundregel achte man auf folgendes: Man muß sich immer der Hanglage anpassen, d.h. der Körper wird parallel zum Hang ausgerichtet. Die Linie der Augen, Schultern, Hüften und Knie richtet man in der Ebene zum Hang aus. Das Gewicht lastet damit stärker auf dem rechten Bein. Die Körpermittelachse steht dann rechtwinklig zum Hang.

Der Schwung erfolgt gefühlsmäßig ebenfalls parallel zum Hang. Im Aufschwung den Hang hinunter und im Durchschwung den Hang hinauf. Nur so vermeidet man es gegen den Hang zu schwingen um somit tief nach dem Ball in die Erde zu schlagen. Es ist während des Schwunges darauf zu achten, die Balance so gut wie möglich zu halten. Das bedeutet einen etwas ruhigeren Schwung.

Durch die veränderte Ausrichtung erhöht sich der Neigungswinkel (Loft) der Schlagfläche. Das hat zur Folge, daß der Ball höher und kürzer fliegt. Somit kann man jeden Schläger bei der Bergauflage benützen, muß jedoch je nach Stärke der Hangneigung 1 bis 3 Schläger niedriger wählen.

72

Die Ansprechposition muß dem Hang angepaßt werden

73

Der Schwung folgt der Hanglage

Bergablage

Grundregel Nr. 1 beachten: Der Körper wird parallel zum Hang ausgerichtet. Die Körperlinien von der Augenlinie bis zu den Knien werden parallel zum Hang hingestellt. D.h. der Oberkörper wird Hangabwärts verschoben, so daß die rechte Körperseite gefühlsmäßig nach oben geht. Die Körpermittelachse zeigt dann rechtwinklig zum Hang. Das Körpergewicht lastet stärker auf dem linken Bein.

Es wird gefühlsmäßig parallel zum Hang geschwungen. Die Arme bewegen sich im Rückschwung den Hang hinauf und im Durchschwung wieder hinunter. Paßt man den Körper und Schwung nicht dem Hang an, so wird der Schläger unweigerlich vor dem Ball in den Boden treffen. Es ist während des Schwunges darauf zu achten, die Balance gut zu halten. Diese kann bei starken Hangneigungen meist nur dann eingehalten werden, wenn die Schwungbewegung ruhiger ausgeübt wird.

Durch die Bergablage angepaßte Körperhaltung verringert sich die Neigung der Schlagfläche. Der Ball wird somit flacher fliegen und weiter ausrollen. Hölzer oder Eisen mit geringen Neigungswinkel (Loft) können meist nicht mehr verwendet werden, da der Ball dann nicht mehr steigen wird. Bei Annäherungsschlägen wird der Ball weiter ausrollen. Die Schlägerwahl bei langen Schlägen muß entsprechend der Neigung des Hanges 1 bis 3 Schlägernummern höher gewählt werden.

74

Der Körper wird nach dem Hang ausgerichtet

75

Der Schwung folgt der Hanglage

Der Ball liegt höher als der Schläger

Diese Situation erfordert ebenfalls eine andere Ansprechposition. Da der Ball höher positioniert ist, muß die Schwungbahn flacher ausfallen d.h. mehr um den Körper herum verlaufen.

Dies erreicht man in dem der Oberkörper aufrechter hingestellt und die Knie mehr gebeugt werden. Während des Schwunges sollen die Arme eher um den Körper herum als hinauf geschwungen werden. Dasselbe gilt für den Durchschwung. Die Arme landen etwas flacher.

Durch die Hangneigung wird der Ball einen Linksdrall bekommen. Je stärker der Neigungswinkel (Loft) des Schlägers ist, desto mehr erhält der Ball einen Linksdrall. Das kann man nur ausgleichen, indem man sich selbst entsprechend mehr nach rechts ausrichtet. Wie weit, hängt vom Schläger und der Stärke der Hangneigung ab.

Auch hier gilt es die Balance so gut wie möglich einzuhalten, um nicht während des Schwunges seine Standposition zu verlieren. Ein paar Probeschwünge sind vorher auf jeden Fall angebracht.

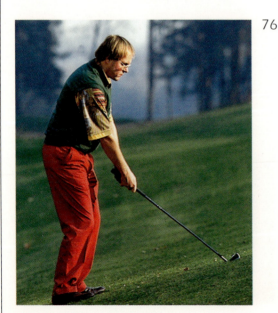

76

Der Oberkörper ist aufrecht

77

Der Schwungbogen ist flach

Der Ball liegt tiefer als der Spieler

Die Ansprechposition muß hier ebenfalls abgeändert werden. Da der Ball tiefer positioniert ist als der Stand, ist es nötig den Oberkörper tiefer nach vorne zu beugen und dafür weniger in die Knie zu gehen. Diese Haltung ermöglicht einen steileren Schwung, um den Ball unterhalb der Füße voll zu treffen. Die Arme sollen mehr nach oben als um den Körper herum geschwungen werden, um den aufrechteren Rückschwung zu ermöglichen.

Auch hier ist das Halten der Balance wichtig, um nicht den Stand der Füße zu verlieren. Dies kann oft nur durch einen ruhigen Armschwung erreicht werden. Ein bis zwei Probeschwünge sind auch hier wichtig.

Der Ball wird aus dieser Lage einen Rechtsdrall bekommen. Bei Schlägern mit hohem Neigungswinkel (Loft) mehr als bei den Hölzern und niedrigen Eisen.

Der Rechtsdrall wird durch eine Körperausrichtung und Schwung links vom Ziel ausgeglichen. Wie weit, hängt vom Schläger und der Stärke der Hangneigung ab.

Als Faustregel kann man sich merken: Der Ball fliegt bei einer Hanglage so wie er am Boden entlang gerollt wird.

Bergauf - rauf und kurz
Bergab   - runter und weit
Seitlich - der Ball liegt höher als der Spieler-
              nach links abrollend
Seitlich - der Ball liegt tiefer als der Spieler-
              nach rechts abrollend.

78

79

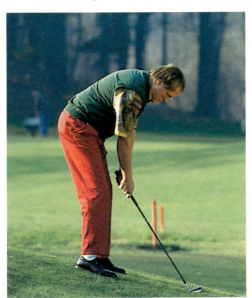

Der Oberkörper ist gebeugt

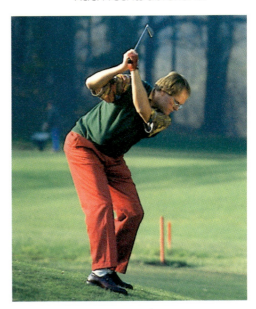

Der Schwungbogen ist steil

Einige Ratschläge für das Spielen auf dem Platz

Das Golfspiel besteht nicht nur aus einem guten Schwung und gefühlvollen, geraden Schlägen. Eine gute Spieltaktik und Kreativität lassen manchen schwächeren Spieler über einen besser schlagenden triumphieren. Hier einige Tips, wie Sie Ihre Spieltaktik optimieren können:

● Lernen Sie auf jeden Fall die Golfregel (siehe Seite 78). Die Beherrschung der wichtigsten Golfregeln gibt Ihnen nicht nur Sicherheit, Sie werden auf der Runde auch weniger von Ihrem Spiel abgelenkt. Nirgendwo bekommen Sie mehr falsche Auskünfte von Ihren Mitspielern als bei den Regeln.

● Die richtige Taktik beginnt schon vor dem Spiel. Schlagen Sie vor jeder Runde auf jeden Fall ein paar Bälle. 20 lange Schläge, einige Putts, Chips, Pitches und Bunkerschläge helfen Ihnen, sich auf das bevorstehende Spiel einzustellen. Sie benötigen diese Übungszeit auch, um vom Alltag abzuschalten und um sich auf das Golfspiel einzustellen.

- Spielen Sie nur mit den Schlägern, die Sie wirklich beherrschen. Schlagen Sie ruhig mit dem Holz 5 oder dem Eisen 4 ab. Dasselbe gilt für das Spiel auf dem Fairway: Lieber ein gut getroffenes Eisen 5 als ein miserabler Schlag mit einem Holz 5.

- Wenn Sie einen schlechten Tag haben sollten, kümmern Sie sich nicht zuviel um Ihre Schwungtechnik - dafür ist die Drivingrange da. Achten Sie vielmehr auf einen ruhigen Rhythmus, geben Sie nicht auf und versuchen Sie Ihre Gefühle unter Kontrolle zu halten. Außerhalb eines Golfturnieres ist es in einem solchen Fall besser, nach neun schlechten Löchern aufzuhören und auf die Drivingrange zu gehen. Dort werden Sie bald zu Ihrem Schwung zurückfinden.

- Falls Sie es dennoch vorziehen weiterzuspielen, so versuchen Sie Ihre Mitspieler so wenig wie möglich aufzuhalten. Gehen Sie zügig, lassen Sie sich aber beim Schlagen Zeit. Wenn es ganz schlimm kommt, heben Sie den Ball auf und spielen am nächsten Loch weiter.

- Plazieren Sie Ihren Ball am Abschlag auf der Seite, auf der Ihr Ball auf dem Fairway nicht landen soll. Ist zum Beispiel rechts eine Ausgrenze, so spielen Sie von der rechten Seite des Abschlages ab.

- Ist das Fairway sehr eng, so schlagen Sie besser mit einem Eisen ab, da man damit in der Regel präziser schlägt als mit dem Holz.

- Liegt Ihr Ball dennoch im Rough, versuchen Sie keine Kunstschläge. Der einfachste Weg ist der sicherste zurück aufs Fairway. Die meisten hohen Scores entstehen durch den berühmten Schlag durch die kleine Baumlücke.

- Falls Sie Angst vor Wasserhindernissen oder vor Bunkern haben, so gibt es nur eine Möglichkeit, darüber hinwegzukommen: nehmen Sie an einem ruhigen Tag rund 30 alte Bälle mit und schlagen Sie diese - ohne an das Hindernis zu denken - über das Wasser oder aus dem Bunker.

- Spielen Sie im Rahmen Ihrer Möglichkeiten. Es hat wenig Sinn, mit einem Eisen 3 über einen Baum auf ein 180 Meter entferntes, kleines Grün zu spielen. Finden Sie einen Weg, der Ihnen bessere Chancen einräumt, auch wenn es einen Schlag mehr kostet.

Denken Sie auf dem Platz immer an die wichtigste Grundregel: Schnell gehen, den Schlag in Gedanken vorher planen, beim Schlagen Zeit lassen.
Die richtige Planung eines Schlages beinhaltet folgende Punkte:

1. Wetterverhältnisse

Bei Gegenwind benötigen Sie einen längeren Schläger. Der Unterschied kann je nach Windstärke bis zu vier Schlägernummern betragen (zum Beispiel Eisen 4 statt Eisen 7).
Rückenwind treibt den Ball nach vorne. Verwenden Sie deshalb einen Schläger mit mehr Loft (zum Beispiel Eisen 8 statt Eisen 5).
Bei Seitenwind zielen Sie einfach einige Meter rechts oder links vom Ziel. Schwingen Sie auch dorthin und lassen Sie den Ball vom Wind zurücktreiben.

Auch die Bodenfeuchtigkeit hat einen großen Einfluß auf die Länge des Schlages. Bei sehr feuchtem Boden bleibt der Ball sofort liegen, bei trockenem Boden rollt er unter Umständen noch sehr weit aus.

2. Entfernung

Beim Abschlag ist es sehr wichtig, den Ball gut zu plazieren, um für den nächsten Schlag eine optimale Ausgangsposition zu haben.
Für die Schläge zum Grün ist es entscheidend, den richtigen Schläger zu wählen.

Die Entfernungen werden meistens durch Markierungen auf dem Platz angezeigt. Entweder durch Pfosten am Fairwayrand oder durch Bodenplatten, die in der Mitte des Fairways eingelassen sind. Sie zeigen an, wie groß die Entfernung zum Grünanfang oder zur Grünmitte ist. Exakte Informationen über alle Spielbahnen sind im sogenannten Birdiebuch vermerkt, das es in jedem Clubhaus gibt.

Aber nicht allein die angegebene Länge und die Witterung sind für die Wahl des Schlägers entscheidend. Ein wichtiger Faktor ist auch die Fahnenposition, denn die meisten Grüns sind 20 bis 50 Meter lang. Steckt die Fahne am Grünanfang, dann muß der Schlag zum Loch im Extremfall 50 Meter kürzer ausfallen als bei einer Fahnenposition am Grünende. Das sind vier bis fünf Schlägernummern Unterschied. Herrscht dann auch noch starker Gegenwind, muß ein noch längerer Schläger verwendet werden.

Die Fahnenposition wird in der Regel durch einen Plastikball an der Fahnenstange markiert. Ist der Ball am unteren Ende des Stocks befestigt, befindet sich das Loch am Grünanfang. Ball am oberen Ende der Fahnenstange bedeutet Loch am Grünende, Ball in der Mitte heißt Loch in der Grünmitte. Ist der Weg zum Grün noch sehr weit, sollten Sie als Landefläche eine Stelle vor dem Grün ins Auge fassen, da der Ball noch weit ausrollen wird. Wichtig ist dabei, daß zwischen dem geplanten Landepunkt und der Fahne kein Bunker liegt.

3. Einstellung

Wenn Sie all diese Faktoren berücksichtigt und Ihren Zielpunkt auf dem Grün oder Fairway anvisiert haben, gehen Sie zum Ball, ohne sich den Kopf über den Schwung zu zerbrechen und führen Sie den Schlag entspannt aus. Wenn Sie einmal schlecht spielen, lassen Sie sich auf keinen Fall zu lautem Schimpfen oder Fluchen hinreißen. Die Natur des Golfspiels ist es nun einmal, daß man gute, aber auch schlechte Tage hat.

Spielen Sie gut, so ändern Sie nichts. Es gibt keinen Grund dafür. Jede Änderung an Ihrer bisherigen Strategie oder am Schwung läßt das Spiel meist schlechter werden. Und versuchen Sie auf keinen Fall, Ihr Spiel sicher und defensiv nach Hause zu bringen, wenn Sie sehr gut auf den ersten Löchern gespielt haben.

Beim kurzen Spiel ist es - wenn möglich - besser zu chippen als zu pitchen. Zum einen ist der Chip einfacher, da er flach gespielt wird. Zudem hat ein schlechter Chip weitaus geringere negative Auswirkungen als ein schlechter Pitch. Achten Sie beim Annäherungsschlag aufs Grün darauf, daß Sie beim anschließenden Putt nicht bergab spielen müssen. Bedanken Sie sich am Ende der Runde bei Ihren Mitspielern, auch wenn Sie mit ihrem Spiel nicht zufrieden waren. Und erzählen Sie den besseren Spielern nicht allzuviel von Ihren Mißgeschicken auf der Runde. Alle Golfer mußten und müssen diese Erfahrungen machen und wollen sie dann nicht auch noch von anderen hören.

GOLFREGELN

Fairness

Für das Golfspiel sind im Laufe der Zeit eine Menge Regeln erstellt worden, denn die Vorfälle auf dem Platz sind unendlich verschieden. Die Regeln werden alle vier Jahre neu überarbeitet. Der Royal and Ancient Golf Club of St. Andrews und die United States Golf Associates sind für die alle vier Jahre erfolgende Überarbeitung der Regeln verantwortlich. Der Deutsche Golf Verband (DGV) übersetzt diese Regeln und bringt sie in Form eines kleinen Büchleins heraus. Da es unsinnig ist, alle Regeln auswendig zu lernen, sollte jeder dieses Buch in seiner Golftasche haben, um auf dem Platz unklare Regelfragen nachlesen zu können. Einige alltägliche Grundregeln allerdings müssen Sie kennen.

Das Regelbuch ist in drei Hauptabschnitte eingeteilt:

1. Etikette
2. Erklärungen
3. Regeln

Die Erklärungen sind Voraussetzung, um die Regeln zu verstehen, da sie festlegen, was z.B. ein Loch, lose Gegenstände, Hindernisse, Hemmnisse, der Platz, ein Zähler usw. sind. Insgesamt gibt es 34 Regeln und einen Anhang, der uns weniger interessiert. Die Regeln haben ungefähr den Wortlaut eines Gesetzbuches, alle Abschnitte sind exakt formuliert und jedes Wort ist wichtig.

Generell wird zwischen einem Loch- und Zählspiel unterschieden, da es in einigen Fällen verschiedene Regelauslegungen für beide Spielarten gibt.

Im Zählspiel wird die Summe der Schläge über eine festgelegte Anzahl (meist 18) von Löchern gewertet. Jeder spielt also gegen jeden.

Beim Lochspiel findet ein Spiel Mann gegen Mann über eine festgelegte Runde statt und nur der Sieger kommt weiter. Die Wertung erfolgt pro Loch, die Gesamtzahl der Schläge ist uninteressant. Benötigt ein Spieler ein oder mehrere Schläge weniger als sein Gegner, hat er das Loch gewonnen. Die Bezeichnungen sind ein oder mehrere Löcher auf, all square (Gleichstand) oder ein oder mehrere Löcher down. Gewinner ist derjenige, der mehr Löcher auf ist als noch zu spielen sind: So kann das Spiel z.B. schon am 12. Loch beendet sein, wenn der Gegner schon 7 Löcher auf ist. Im Zählspiel erfolgt die Wertung immer über die volle festgelegte Anzahl der Löcher. Die Bezeichnung Partner ist beim Loch und Zählspiel gleich. Spielen z.B. in einer besonderen Spielform zwei Spieler zusammen einen Ball, so ist jeder der Partner des anderen. Im folgenden nun einige Regelthemen, die alltäglich sind. Die Grundstrafe beim Zählspiel sind zwei Schläge und beim Lochspiel Lochverlust.

Ehre und Spielreihenfolge

Am ersten Abschlag wird die Ehre ausgelost. Wer zuerst abspielen darf, hat die Ehre. Am nächsten Abschlag hat derjenige die Ehre, der das vorhergehende Loch mit den wenigsten Schlägen bewältigte. Ansonsten spielt immer derjenige zuerst, der am weitesten vom Loch entfernt liegt.

Wenn beim Zählspiel diese Reihenfolge außer Acht gelassen wird, erfolgt keine Strafe und der Ball muß normal weitergespielt werden.

Beim Lochspiel kann der Gegner verlangen, daß der Ball straflos aufgegeben und ein neuer in der richtigen Reihenfolge ins Spiel gebracht wird.

Ball im Aus oder verloren

Ein Ball gilt als verloren, wenn er innerhalb von fünf Minuten Suchzeit nicht gefunden oder vom Spieler aufgegeben wird (Abb. 78). Ist der Ball verloren oder liegt er jenseits einer Ausgrenze, muß man zu der

80

Rechts die markierte Ausgrenze, links das markierte frontale Wasserhindernis

Stelle zurückgehen, wo man den letzten Schlag gemacht hat. War es vom Abschlag, darf der Ball dort wieder aufgeteet werden. Haben Sie den verlorenen Ball irgendwo vom Gelände weggespielt, müssen Sie ihn möglichst nahe dieser Stelle fallen lassen.

Neben dem Distanzverlust wird Ihnen noch ein Strafschlag aufgebrummt. Diesen zählen Sie zu Ihrer normalen Schlagzahl hinzu. Haben Sie z.B. den Ball vom Abschlag aus verloren oder ins Aus befördert, so gilt folgende Zählweise: Einen Schlag für den Abschlag, einen Strafschlag und den dritten spielen Sie wieder vom Abschlag. Es ist auch erlaubt, einen sog.

provisorischen Ball zu spielen. Bevor Ihr Partner, Caddy oder Sie selbst begonnen haben, nach dem Ball zu suchen, spielen Sie Ihren für provisorisch erklärten Ball, bis er etwa auf oder über der geschützten Höhe Ihres ersten Balles liegt. Finden Sie Ihren ersten Ball, spielen Sie damit Ihren zweiten Schlag und heben den provisorischen auf. Ist der erste Ball verloren oder im Aus, wird der provisorische Ball zum Ball im Spiel, unter Hinzurechnung des Schlages mit Ihrem ersten Ball, aller Schläge mit dem vorher bezeichneten provisorischen Ball und eines Strafschlages. Der provisorische Ball erspart Ihnen die Mühe, wieder zur alten Stelle zurückzulaufen.

81

Ball verloren

Ball fallen lassen (Dropen)

Wenn ein Ball laut den Regeln fallen gelassen werden darf, so muß das in einer bestimmten Weise geschehen. Man stellt sich aufrecht hin, streckt den Arm in Schulterhöhe aus und läßt den Ball fallen (Abb. 80). Trifft der Ball vor oder nach dem Auftreffen den Spieler oder trifft er seine Ausrüstung, so ist er straflos erneut fallenzulassen.

82

So wird der Ball fallen gelassen (gedropt)

Ball unspielbar

Der Ball muß immer gespielt werden, wie er liegt. Aber es gibt gewisse Bedingungen, unter denen es unmöglich ist, den Ball zu spielen. Hat sich Ihr Ball im Boden einge- bohrt, so dürfen Sie ihn nur auf kurz geschnittener Fläche straflos aufheben (markieren Sie den Ball zuerst), reinigen und möglichst nahe an der Stelle, wo er einge- bohrt war, nicht näher zum Loch wieder straflos fallen lassen, bzw. auf dem Grün hinlegen.

Wenn der Ball im Rough oder Hindernis ein- gebohrt ist, dürfen Sie ihn entweder spie- len, wie er liegt, oder mit einem Strafschlag herausnehmen und nicht näher zum Loch fallen lassen. Liegt Ihr Ball so nahe an einem Baum (Abb. 83) oder ähnlichem, daß Sie ihn nicht spielen können, dürfen Sie ihn mit

83

Ball unspielbar

einem Strafschlag aufheben und wie folgt wieder fallen lassen:

1. Zwei Schlägerlängen entfernt, nicht näher zum Loch (Abb. 84).
2. Hinter der Stelle ohne Begrenzung wie weit dahinter. Nur muß die Stelle zwischen Ihnen und dem Loch in einer Linie bleiben.
3. Sie gehen zu der Stelle zurück, wo Sie ihn zuvor weggeschlagen haben.

84

Der Ball darf innerhalb zwei Schlägerlängen entfernt weggedropt werden

Lose Gegenstände

Darunter bezeichnet man alle natürlichen Gegenstände, die nicht angewachsen sind und nicht am Ball haften, wie Blätter, Zweige, Äste, lose Steine, Würmer usw. (Abb. 85). All diese Dinge dürfen - außer in einem Hindernis - straflos entfernt werden. Wird der Ball bewegt, indem der Spieler innerhalb einer Schlägerlänge vom Ball einen losen Gegenstand entfernt, so bekommt er einen Strafschlag und muß den Ball an die alte Stelle zurücklegen.

Man darf auf keinen Fall irgendwelche angewachsenen Äste, Zweige, Gräser oder sonstiges abbrechen, verbiegen und niedertreten, auch nicht, um die Spiellinie zu verbessern. Einzige Ausnahme, wenn dies unabsichtlich bei der Einnahme der Ansprechposition geschieht.

Strafe hierfür: Zählspiel 2 Schläge, Lochspiel Lochverlust.

85

Lose Gegenstände dürfen straflos entfernt werden

Ball im Hindernis

Liegt Ihr Ball in einem Hindernis, so dürfen Sie den Schläger beim Ansprechen des Balles nicht auf den Boden bzw. in das Wasser setzen. Strafe: Zählspiel 2 Schläge, Lochspiel Lochverlust. Liegt Ihr Ball in einem Wasserhindernis oder ist er darin verloren, so müssen Sie wie folgt verfahren: Sie bestimmen die Stelle, wo Ihr Ball über die Grenze des Wasserhindernisses flog. Sie dürfen dann den Ball soweit Sie wollen hinter dem Hindernis fallen lassen. Aber die Stelle muß in einer Linie zwischen Ihnen und dem Loch bleiben.

86

Gelbe Pfosten - hier muß der Ball hinter dem Hindernis fallengelassen werden

Die zweite Möglichkeit ist, daß Sie den Ball zuletzt geschlagen haben. Bei einem seitlichen Wasserhindernis (rote Pfosten) gelten dieselben Regeln, oder Sie dürfen den Ball von dem Punkt, wo er zuletzt die Grenze des Hindernisses überschritten hat, innerhalb zweier Schlägerlängen links oder rechts vom Hindernis fallen lassen (Abb. 86). Diese Stelle darf nicht näher zum Loch sein. Wenn Sie den Ball nach einer dieser drei Möglichkeiten fallen lassen (Abb. 87), bekommen Sie einen Strafschlag. Die vierte Möglichkeit ist natürlich, den Ball zu spielen wie er liegt.

87

Rote Pfosten - hier darf der Ball auch zwei Schlägerlängen seitlich fallen gelassen werden, das kostet einen Strafschlag

Ball in zeitweiligem Wasser

Ball in zeitweiligem Wasser, Boden in Ausbesserung, Loch von grabendem Tier
gemacht und Hemmnisse.

Zeitweiliges Wasser ist jede vorübergehen-
de Wasseransammlung (verursacht z.B.
durch harten Regen oder vom Bewässe-
rungssystem) außerhalb eines Wasserhindernisses (Abb. 88). Loch vom grabenden
Tier gemacht ist z.B. ein Mauseloch. Boden

88

Zeitweiliges Wasser, verursacht durch starken Regen

Boden in Ausbesserung

89

90

Ein Hemmnis

in Ausbesserung (Abb. 89) ist ein im Bau befindlicher markierter Bereich. Unbewegliche Hemmnisse sind Straßen, Gebäude etc. Liegt Ihr Ball in einem dieser Bereiche, oder wenn Ihr Stand bzw. Schwung davon behindert wird (Abb. 90), dürfen Sie den Ball straflos saubermachen und herauslegen bzw. weglegen. Sie müssen wie folgt verfahren:

Sie bestimmen einen Punkt, möglichst nahe an der Stelle wo der Ball lag. Dieser Punkt darf nicht näher zum Loch sein, muß eine Behinderung durch die vorher genannten Zustände vermeiden und darf sich nicht in einem Hindernis oder auf einem Grün befinden. Der Ball darf dann innerhalb einer Schlägerlänge von diesem bestimmten Punkt fallengelassen werden. Um eine Erleichterung in Anspruch zu nehmen, dürfen Sie sich allerdings nicht unnormal an den Ball stellen, um mit Ihrem Stand evtl. doch noch ein Mauseloch zu berühren.

Ball wird im Flug abgelenkt

Als Bahnzufall bezeichnet man es, wenn der Ball in seiner Bewegung von etwas nicht zum Spiel gehörigem abgelenkt oder aufgehalten wird. Es erfolgt keine Strafe und der Ball muß gespielt werden, wie er liegt. Nicht zum Spiel gehörig ist alles, was nicht am Lochspiel beteiligt ist und im Zählspiel nicht zu einer Partei gehört.

Trifft man im Zählspiel seinen Caddy, Caddywagen, Tasche des Partners (unter Partner bezeichnet man eine Person, mit der man in einem Team spielt, wie z.B. zu zweit mit einem Ball abwechselnd schlagen), sich selbst oder des Partners Caddy, Caddywagen und Tasche, so bekommt man zwei Strafschläge und der Ball muß gespielt werden, wie er liegt (man könnte ja absichtlich seine Tasche so plazieren, daß sie einen evtl. schlechten Schlag abstoppt). Trifft der Ball den Mitspieler (nicht den Partner), oder dessen Ausrüstung usw., erfolgt keine Strafe, und der Ball muß gespielt werden wie er liegt.

Beim Lochspiel ist es etwas anders. Es gilt dieselbe Regel, wenn der Spieler sich selbst oder seine Ausrüstung usw. trifft. Nur die Strafe ist anders - er verliert das Loch. Trifft der Spieler seinen Gegner oder dessen Ausrüstung usw. hat er zwei Möglichkeiten:

1. Er darf den Ball spielen wie er liegt,
2. er geht zu der Stelle zurück, wo er ihn zuletzt geschlagen hat, und der vorhergehende Schlag wird annulliert (denn der Gegner könnte den Ball absichtlich aufgehalten haben).

Vorfälle auf dem Grün

Liegt Ihr Ball auf dem Grün und behindert er den Gegner oder Mitbewerber, so markiert man ihn. Die Markierung erfolgt durch eine Münze oder dergleichen, die hinter den Ball gelegt wird und der dann aufgehoben werden darf (Abb. 91). Beim Zurücklegen muß zuerst der Ball plaziert und dann die Markierung aufgehoben werden. Auf diese Reihenfolge ist stets zu achten, ansonsten bekommen Sie einen Strafschlag und müssen den Ball zurücklegen und in richtiger Reihenfolge markieren. Trifft Ihr Ball im Zählspiel den des Mitbewerbers, so bekommen Sie zwei Strafschläge und müssen den Ball spielen, wie er liegt. Der Mitbewerber muß seinen Ball an die alte Stelle zurücklegen. Beim Lochspiel ist keine Strafe erwirkt und der Gegner muß den Ball zurücklegen.

Man darf den Ball auf dem Grün jederzeit markieren und ihn saubermachen.

Beim Zählspiel muß der Ball immer eingelocht werden. Tun Sie das nicht und machen vom nächsten Abschlag einen Schlag, sind Sie disqualifiziert. Wenn Sie Ihren Ball aus Versehen aufgehoben haben, müssen Sie ihn mit einem Strafschlag wieder an die alte Stelle zurücklegen. Beim Lochspiel können Sie Ihrem Gegner einen kurzen oder längeren Putt schenken. Dieser Schlag wird dann zwar gezählt, er muß aber nicht mehr ins Loch gespielt werden. Wenn Ihr Ball auf dem Grün liegt, achten Sie darauf, daß die Fahnenstange herausgenommen wird (Abb. 92). Man kann sie bedienen lassen oder gleich herausnehmen. Die Fahne wird gewöhnlich bedient, wenn der Spieler so weit vom Loch weg ist,

91

So wird ein Ball markiert

daß er es ohne die Fahnenstange kaum erkennen kann. Sie wird erst dann herausgezogen, wenn der Ball im Rollen ist. Trifft Ihr Ball dennoch die Fahnenstange oder die Person, die sie bedient oder die unbediente Fahnenstange, dann bekommen Sie zwei Strafschläge bzw. verlieren im Lochspiel das Loch. Es gibt noch eine Menge anderer Regelfälle, die ein ganzes Buch füllen. So dürfen Sie z.B. niemals den Ball schieben oder löffeln, er muß immer geschlagen werden. Aber weitere Erklärungen würden ins Endlose führen und sind für den Anfänger nur verwirrend. Mit der Zeit wird sich automatisch mehr Regelwissen anhäufen. Wirklich bewußt lernt man die Regeln erst, wenn man sie anwenden muß. Beim Zählspiel kann man grundsätzlich einen zweiten Ball ins Spiel bringen und diesen dann unter einer anderen Regelauslegung zu Ende spielen. Beide Ergebnisse werden notiert,

und bevor die Zählkarte abgegeben wird, entscheidet das Schiedsgericht, welche Zählweise gelten soll. Beim Lochspiel muß sofort entschieden werden.

Wichtig ist nur, daß Sie sich dem etwas trockenen Thema Regeln zuwenden. Denn es ist immer peinlich, aus Versehen gegen eine Regel zu verstoßen. Ihr Mitspieler oder Gegner hat dann das volle Recht, Ihnen dafür die vorgesehene Strafe aufzuerlegen, und das müssen Sie akzeptieren. Die Regeln können Ihnen auch helfen. Wie Sie beim unspielbaren Ball gelesen haben, gibt es drei Möglichkeiten, den Ball wegzulegen, und eine davon bringt Ihnen sicherlich eine größere Erleichterung.

92

Der Spieler kann das Loch nicht sehen, die Fahne wird »bedient«

Etikette – Benehmen auf dem Golfplatz

Die Etikette ist nichts anderes als das sportliche Verhalten auf dem Platz. Die Nichtbeachtung der Etikette zieht zwar keine Strafschläge nach sich, aber den Ärger der Mitspieler. Ohne die Einhaltung dieser Regeln kann kein flüssiges und sportlich faires Spiel stattfinden. Die Etikette dient auch dazu, den Platz bestmöglichst zu schonen. Hier in Stichpunkten die wichtigsten Regeln:

1. Jede Partie, die in ordnungsgemäßer Reihenfolge die Bahnen spielt, hat das Vorrecht gegenüber anderen Partien, die irgendwo eingeschnitten haben.
2. Sie dürfen erst spielen, wenn die Spieler vor Ihnen außer Schlagreichweite sind.

3. Man darf höchstens zu viert spielen. Am Wochenende sollten Sie es vermeiden, alleine zu spielen.

4. Nimmt Ihr Mitspieler oder Gegner seine Ansprechposition ein, dürfen Sie weder sprechen noch sich bewegen.

5. Bei Probeschwüngen ist darauf zu achten, daß der Rasen vor allen Dingen auf dem Abschlag nicht zerstört wird.

6. Mitspieler und Golftaschen stehen immer gegenüber vom Spieler (Abb. 93). Steht man seitlich oder hinter dem Rücken des Spielers, ist das störend und behindert die Konzentration.

93

Man steht nach Möglichkeit immer gegenüber dem Mitspieler - auch zur eigenen Sicherheit

7. Ist vor Ihnen eine volle Spielbahn frei und warten hinter Ihnen Spieler, so sollten Sie zur Seite gehen und diese durchspielen lassen.

8. Das Spiel soll ohne unnötige Verzögerungen ablaufen.

9. Wenn Sie einen Ball suchen, sollen nachfolgende, wartende Partien durchspielen können (ein kurzer Wink genügt).

10. Herausgeschlagene Rasenstücke, Divots, müssen wieder zurückgelegt und festgetreten werden.

11. Im Sandhindernis müssen alle Spuren mit dem dafür vorgesehenen Rechen eingeebnet werden (Abb. 94).

94

12. Die Golftaschen dürfen Sie nicht auf das Grün legen. Es ist auch nicht erlaubt, daß Grün mit dem Caddywagen zu überqueren (Abb. 95).

Das Grün ist eine äußerst gepflegte Rasenfläche und darf nicht beschädigt werden, da ansonsten die Putts abgelenkt werden.

95

Der Golfwagen darf niemals auf das Grün gefahren werden

13. Auf dem Grün müssen die Einschlaglöcher, verursacht durch hart aufsetzende Bälle, ausgebessert werden (Abb. 96).

14. Sie dürfen nicht in die Puttlinie des Mitspielers oder Gegners treten (Puttlinie = die Linie zwischen Ball und Loch, Abb. 97).

97

96

Die Pitchmarken müssen mit einem Tee oder einer Pitchgabel wieder eingeglättet werden

Das ist die sog. Puttlinie

15. Die Fahnenstange muß wieder ins Loch zurückgesteckt werden. Es ist darauf zu achten, daß der Lochrand nicht beschädigt wird (Abb. 98).

98

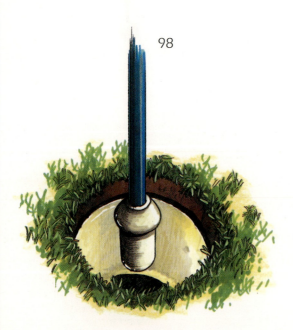

Achtung, der Lochrand darf nicht beschädigt werden

Vorgabe

Das Handicap oder die Vorgabe bedeuten beide dasselbe und drücken aus, wie gut ein Golfer spielt und werden in die Bezeichnung + 2, + 1,0 und von - 1 bis 26 eingeteilt. Die Vorgabe wird nach dem sog. Standard des Platzes berechnet. Der Standard wird wiederum nach der Länge des Platzes festgelegt. Hat ein Platz eine Länge von z.B. 5670 bis 5852 m bei Herren und von 4990 bis 5150 m bei Damen, bekommt er einen Standard von 70. Ist der Platz besonders schwer oder leicht aufgrund bestimmter Geländebeschaffenheiten, so kann der Standard zusätzlich herauf- bzw. herabgesetzt werden. Alle Standards in Deutschland werden von dem Deutschen Golf Verband zugeteilt. Ein Spieler mit Vorgabe Null muß also auf diesem Platz 70 Schläge spielen, um sein Handicap zu spielen. Ihr erstes Ziel als Anfänger wäre es, Handicap 36, d.h. 36 Schläge über dem Standard, zu spielen. Das sind 106 Schläge bei Standard 70 und wären z.B. bei einem Platz mit Standard 72 108 Schläge. Die Bezeichnungen dafür sind folgende: Der Spieler erzielte 108 Schläge Brutto und 72 Schläge Netto.

Der Standard und die addierte Parziffer des Platzes liegen oft beisammen. Aber es kann auch durchaus vorkommen, daß ein Platz z.B. ein Par von 70 hat und einen Standard von 69. Denn wenn Sie im Kapitel 1 gelesen haben, kann z.B. ein Par vier Loch eine Länge bei Herren von 230 m, aber auch von 434 m haben. Gibt es nun Plätze, die viele kurze Par 3, 4 oder 5 Löcher haben, so sind diese leichter zu spielen. Liegen die Meterzahlen meist an der oberen Grenze, ist der Platz schwerer. Deshalb wird die Vorgabe nach der Gesamtlänge des Platzes bewertet. Die Vorgabe hat den Vorteil, daß man auch gegen einen wesentlich besseren Spieler antreten kann.

Spielt z.B. ein Spieler mit Vorgabe 36 gegen jemand mit Vorgabe 4, so muß dieser ihm im Zählspiel 32 Schläge vorgeben.

Ein Rechenbeispiel:

Spieler A = Vorgabe 36
Spieler B = Vorgabe 4

	A	B
Brutto	107 Schläge	76 Schläge
Vorgabe	36	4
Netto	71 Schläge	72 Schläge

So hat ein Spieler A im Nettoergebnis gewonnen, obwohl Spieler B wesentlich besser gespielt hat. Dieses System wird jedoch nur in privaten oder kleineren clubinternen Wettspielen angewandt. Man vergibt dann Netto- sowie Bruttopreise. Bei Clubmeisterschaften oder großen Meisterschaften zählt nur das Bruttoergebnis. Alle Spieler, die sich eine Vorgabe erspielt haben, werden auf einer Vorgabentafel, die im Clubhaus hängt, eingetragen.

Um eine Vorgabe zu erspielen, benötigen Sie zuerst die sog. Platzreife. Dann können

Sie an kleineren Anfängerturnieren teilnehmen. Oder Sie spielen von den Standardabschlägen mit jemandem privat, der Ihre Schlagzahlen (Score) natürlich genau nach Zählspielregeln aufschreibt. Hat man eine Vorgabe von 36 oder darunter erspielt, gibt man die Karte vom Zähler und Spieler unterschrieben, dem Spielführer oder Clubsekretär ab und wird dann auf die Vorgabe 36 gesetzt. Wenn ein Spieler im Laufe des Jahres seine Vorgabe in Turnieren oder in Privatspielen unterspielt, wird er weiter herabgesetzt. Es gibt ein richtiges System, wann eine Vorgabe herab- oder wieder heraufgesetzt werden darf. Dieses System müssen alle Clubs in Deutschland einhalten, damit das Vorgabesystem einheitlich und fair geregelt ist.

Zählkarte

Auf der Scorekarte oder auch Zählkarte genannt, werden die Ergebnisse aufgeschrieben. Die Karte enthält außerdem alle Angaben über das Spiel und die Längen der Löcher.

1. Name des Bewerbers

2. Vorgabe

3. Datum

4. Bezeichnung des Wettspiels

5. Lochziffer von 1-18

6. Die Lochlänge vom Abschlag zur Mitte des Grüns für Damen, Herren und Champion Damen und Herren.

7. Der Vorgabenverteilungsschlüssel. Dieser dient in der Hauptsache für das Lochspiel. Die Zahl Nr. 1 besagt, daß dies das schwerste Loch auf dem Platz ist. Nr. 2 das zweitschwerste usw. Spielt z.B. Spieler A mit Vorgabe 18 im Lochspiel gegen Spieler B mit Vorgabe 35, so muß A dem Spieler B 3/4 der Differenz beider Vorgaben vorgeben. Man bekommt nur deshalb 3/4 der Vorgabe vor, da das Lochspiel etwas einfacher ist, da es nicht darauf ankommt um wieviel Schläge mehr oder weniger man ein Loch gewinnt. 3/4 des Unterschieds zwischen beiden Vor-

gaben 18 und 35 ist aufgerundet 13. Das heißt, Spieler A muß Spieler B auf den 13 schwersten Löchern jeweils einen Schlag vorgeben.

Nehmen wir an, am sechsten Loch benötigte Spieler A 5 Schläge und Spieler B 6 Schläge. An diesem Loch mußte Spieler A einen Schlag vorgeben. So haben beide Spieler im Nettoergebnis dasselbe Resultat erzielt und das Loch wurde geteilt. Hätte Spieler A sechs Schläge benötigt, hätte er das Loch verloren.

8. Spalte für den Score des Mitspielers bzw. Gegners, für den gezählt werden soll.

9. Spalten für eigenes Score oder für andere Mitspieler, die der Zähler nicht unbedingt aufschreiben muß.

10. Spalte für Bruttoergebnis

11. Spalte für Nettoergebnis

12. Unterschriftenraum für Spieler und Zähler

13. Platzstandard

14. (Rückseite) Platzregeln und Umrechnungstabelle für verschiedene Spielarten.

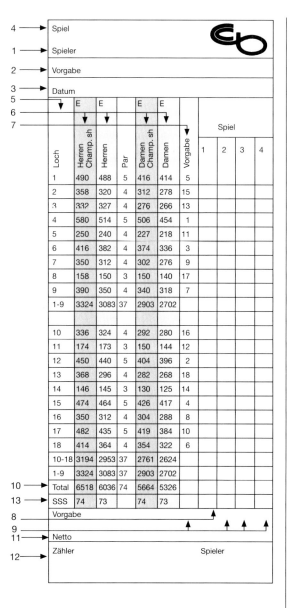

Wettspiele

Das Wettspiel ist vom sportlichen her gesehen die höchste Stufe. Erst im Wettkampf zeigt sich, ob Ihre Technik und Ihr Wissen fest verankert sind. Ist ein Wettspiel nicht durch eine Höchstvorgabe beschränkt, können Sie daran teilnehmen, wenn Sie eine Spielfreigabe oder eine Vorgabe von 36 aufweisen können.

Ein Wettspiel wird immer ausgeschrieben und Anmeldelisten kommen an den Aushang (schwarzes Brett). In der Ausschreibung können Sie alle Bedingungen des Wettspiels lesen. Wenn Sie Lust haben mitzumachen, tragen Sie sich in die Anmeldeliste ein. Die Startzeiten werden einen Tag vorher festgelegt. So erkundigen Sie sich am Spätnachmittag, wann Sie am nächsten Tag starten. Denn es ist unbedingt erforderlich, pünktlich, am besten fünf Minuten vor der Abspielzeit, am Abschlag zu stehen. Sind Sie unpünktlich, werden Sie mit zwei Strafschlägen bzw. Lochverlust bestraft und in groben Fällen disqualifiziert. Wenn Sie absagen, sollten Sie das noch möglichst vor dem Meldeschluß tun, damit nicht die Startliste neu umgeschrieben werden muß.

Die Teilnahmegebühr zahlt man je nach dem Ausschreibungsmodus, meist kurz vor der Abspielzeit. Wer die Teilnahmegebühr nicht bezahlt, kann vom Wettspiel ausgeschlossen werden. Nehmen Sie an einem Wettspiel teil, sollten Sie immer eine Stunde vor der Abspielzeit am Platz sein. Dann können Sie in Ruhe alle Formalitäten erledigen und sich einschwingen. Denn ohne Aufwärmen werden Sie die ersten Löcher nicht besonders gut spielen. Außer bei einem Lochspiel, dürfen Sie nicht auf dem Platz üben. Dafür ist die Drivingrange vorgesehen. Alle das Wettspiel betreffenden Angaben finden Sie auf dem schwarzen Brett. Werfen Sie auf jeden Fall einen Blick dorthin, denn es werden manchmal besondere Platzregeln erstellt.

Beim Start wird Ihnen Ihre Karte ausgehändigt, die Sie mit dem Mitspieler tauschen. Niemals schreiben Sie Ihren eigenen Score auf. Somit sind Sie aber auch der Zähler eines der Mitspieler und müssen auf seine Schlagzahl achten. Vergleichen Sie nach jedem Loch die Schlagzahlen. Denn wenn Sie Ihre Karte dem Wettspielleiter abgeben (die der Mitspieler führt) und eine zu hohe Schlagzahl eingetragen ist, bleibt dieses Ergebnis stehen. Wurde eine zu niedrige Schlagzahl aufgeschrieben, werden Sie disqualifiziert. Ebenso sind Sie dafür verantwortlich, daß Ihre Vorgabe richtig auf der Karte steht. Das Ausrechnen des Ergebnisses ist Sache der Wettspielleitung. Achten Sie darauf, daß Sie selbst und Ihre Zähler die Karte unterschreiben. Geben Sie die Karte nicht unterschrieben ab, werden Sie disqualifiziert. Es gibt eine Vielzahl verschiedener Wettspielarten. Das ist u.a. ein Grund, warum Golf so interessant ist. Die beiden Grundspiele haben Sie bereits erfahren, das Loch- und Zählspiel.

Wettspiele gegen Par nach Stableford

Es gibt noch zwei weitere Spiele, die Wettspiele gegen Par oder gegen Par nach Stableford genannt werden. Bei diesen Spielen gelten die Zählspielregeln und gewertet wird wie im Lochspiel. Es wird gegen den Platz gespielt. Die Höchstvorgabe ist 36. Diese 36 Schläge werden entsprechend dem Vorgabenverteilungsschlüssel (siehe Scorekarte) auf die einzelnen Löcher verteilt. Sie haben bei jedem Loch zwei Schläger vor. Die Bewertung erfolgt nach Punkten. Spielen Sie z.B. an einem Par fünf sieben Schläge und haben zwei Schläge vor, gilt folgende Bewertung:

7 Schläge ./. 2 Vorgabenschläge
$$= Netto\ 5 = Par$$

Die Punkteverteilung ist folgende:

2 Schläge über Par	= keinen Punkt
1 Schlag über Par	= einen Punkt
Par	= zwei Punkte
1 Schlag unter Par	= drei Punkte
2 Schläge unter Par	= vier Punkte, usw.

Wer die meisten Punkte hat, ist Sieger.

Wettspiele gegen Par

Bei dem Wettspiel gegen Par gibt es keine Punktewertung, sondern man spielt gegen den Platz wie in einem Lochwettspiel. Auch hier wird die Vorgabe auf die einzelnen Löcher verteilt. Nehmen wir an, Sie spielen am ersten Loch ein Par 5 und haben einen Schlag vor. Ihr Score ist eine 6 ./. Vorgabeschlag Netto 5. Spielen Sie im Nettoergebnis ein Par, haben Sie das Loch gegen den Platz geteilt. Alle Schläge über Par = Lochverlust, alle Schläge unter Par = Lochgewinn. Wer zum Schluß die meisten Löcher gegen den Platz besser ist, hat gewonnen. Beide Wettspielarten können auch nur nach dem Bruttoergebnis gespielt werden.
Bei diesen Wettspielen hat man den Vorteil, daß ein Loch ganz gestrichen werden kann. So hat man eben das Loch verloren bzw. keinen Punkt dafür erhalten. Daraus kann man schon ersehen, daß das Zählwettspiel das schwierigere ist, da jeder Schlag gezählt wird.

Viererwettspiele

Bei allen vier Spielarten ist es nochmal möglich, unterschiedliche Spielvariationen zu verabreden.
Das ist der klassische Vierer, bei dem zwei Spieler einen Ball spielen. Man muß sich entscheiden, wer den ersten Abschlag macht. Dann spielt der andere den Ball weiter und so fort. Am nächsten Abschlag fängt der andere Spieler an und anschließend geht

es wieder über kreuz. So spielt der eine bei allen geraden Lochziffern ab und der andere bei allen ungeraden. Man darf diese Reihenfolge nicht ändern.

Eine andere Form ist der Vierer mit Auswahldrive. Beide Spieler schlagen ab, und der bessere Abschlag wird verwendet, der andere aufgehoben. Angenommen, der Ball von Spieler A bleibt im Spiel, so muß Spieler B ihn weiterschlagen und dann folgt wieder A. Eine dritte Möglichkeit ist das Viererballspiel. Es spielt jeder seinen eigenen Ball und nur das bessere Ergebnis wird gewertet.

Bei all diesen Vierer-Spielen wird die Vorgabe beider Spieler besonders umgerechnet.

Weitere Wettspielarten

Für Ihr Privatmatch ist folgendes Lochspiel gut geeignet: Es nennt sich »Bestball-Aggregat« und sollte nach Möglichkeit ohne Vorgabe gespielt werden. Zwei Spieler spielen gegen zwei andere und jeder spielt seinen eigenen Ball. Der Spieler, der das niedrigste Ergebnis des Loches erzielt, bekommt für die Mannschaft einen Punkt. Hat einer der Gegner dasselbe Ergebnis, ist das Loch geteilt. Das ist der sog. Bestball. Die Mannschaft, die beide Ergebnisse addiert (Aggregat), die niedrigere Schlagzahl (Score) hat, erhält wiederum einen Punkt. Wer zum Schluß die meisten Punkte erreicht, ist Sieger. Wenn beide Mannschaften sehr ungleiche Spielstärken aufweisen, kann man auch die Vorgabe mit einberechnen, so daß nur das Netto-Ergebnis zählt. So wird der Spieler mit der niedrigsten Vorgabe auf Null gesetzt und die anderen Vorgaben um diese Zahl herabgesetzt und 3/4 davon auf die einzelnen Löcher lt. Vorgabenverteilungsschlüssel verteilt. Man kann dieses Spiel auch ausdehnen, indem die Spieler folgendes zusätzlich vereinbaren: Wer im Bunker liegt und mit zwei Schlägen von dort ins Loch kommt, erhält einen Zusatzpunkt. Wer an einem Par drei Loch mit einem Schlag auf dem Grün am nächsten an der Fahne liegt, erhält einen Punkt usw.

Es gibt eine Vielzahl anderer Spielarten, die Sie sicherlich im Laufe der Zeit kennenlernen werden. Jedes Spiel erfordert eine andere Taktik. Beispielsweise müssen Sie beim Zählspiel vorsichtiger sein als im Lochspiel. Bei den Vierer-Wettbewerben müssen Sie die eigenen Schwächen und Stärken und die des Partners kennen, um sich gut ergänzen zu können.

Am Ende des Jahres wird meist ein Querfeldeinturnier veranstaltet. Die Bahnen werden kreuz und quer über den Platz gelegt und mit allerlei Besonderheiten erschwert: Sie müssen z.B. durch einen Reifen, in ein Netz, in irgendetwas anderes spielen. Wenn Sie sonst kein großer Turnierspieler sind, diese Wettspiele dürfen Sie nicht verpassen: Sie werden einen Mordsspaß dabei haben.

Golf ist eine Sportart, die auf verschiedenen Leistungsebenen - vom Anfänger bis zum Profi - bis ins hohe Alter mit viel Spaß gespielt werden kann. Voraussetzung für die Freude am Spiel ist jedoch eine solide theoretische und praktische Grundschulung.

Wenn Sie normalerweise nur am Wochenende Golfspielen können, sollten Sie sich zumindest am Anfang etwas mehr Zeit zum Üben nehmen. Das geht einfacher als man denkt, denn anders als etwa beim Tennis braucht man zum Training keinen Partner. Schon wöchentlich eine Stunde Unterricht und zweimal ein bis zwei Stunden Alleintraining reichen aus, um relativ schnell die Platzreife zu bekommen.

Der nächste Schritt sollte die Teilnahme an Turnieren sein, denn die Herausforderung eines Wettkampfes motiviert ungemein. Was dabei aber noch wichtiger ist: Sie werden schon nach den ersten Turnieren unheimlichen Spaß an der Jagd nach dem Handicap haben.

Ich hoffe, Ihnen war und ist dieses Buch ein unterhaltsamer und nützlicher Ratgeber. Viel Spaß beim Golf brauche ich Ihnen kaum zu wünschen, da sich die Freude an diesem Spiel mit Sicherheit längst eingestellt hat. Auf jeden Fall wünsche ich Ihnen einen guten Schwung.

Begriffe

Abschlag 8
Abschlagmarkierungen 8
Abschwung 42
Albatross 11
All square 78
Annäherungsschlag 50
Ansprechposition 31
Armschwung 40
Ass 11
Auftreffwinkel 25
Ausgrenze 10
Ausrüstung 20
Balata - Schale 18
Ball eingebohrt 82
Ballfluggesetze 26, 27
Ball im Aus 79
Ball in Boden in Ausbesserung 88
Ball im Flug abgelenkt 89
Ball fallen lassen 82
Ball markieren 90
Ballposition 36
Ball trifft Mitbewerbers Ball 90
Ball unspielbar 82
Ball verloren 79
Bergauflage 70
Bergablage 71
Bestball - Aggregat 103
Boden in Ausbesserung 10, 88
Bogey 11
Birdie 11
Brutto 62
Bunker 9
Bunkerschlag 62
Caddy 89

Caddywagen 20
Championschläge 9
Chip 56
Cut 18
Damenabschlag 9
Deutscher Golf Verband 7
Dimpel 19
Divot 93
Down 78
Doppelbogey 11
Dreiteiliger Ball 19
Drivingrange 21
Drive 13
Dropen 83
Durchlassen 93
Eagle 11
Ehre 79
Etikette 92
Fahne 7, 93
Fairway 9
Fairway-Bunker 9
Fairway-Holz 13
Geschlossene Schlagfläche 24
Griff 32
Grün 10
Grünbunker 9
Grün lesen 52
Grundstrafe 78
Handicap 97
Handschuh 20
Hanglagen 68
Heel-Toe weightning 16
Hemmnisse 87
Herrenabschlag 9
Hindernis 9, 85
Hole in one 11

Holz 12
Hook 27
Klassischer Vierer 101
Kompression 19
Körperdrehung 40
Kopf 12
Künstliche Hindernisse 9
Kurzes Spiel 50
Lie 16
Loch 10
Loch von grabendem Tier 87
Lochspiel 103
Lochverlust 100
Löffeln 91
Loft 12
Lose Gegenstände 84
Natürliche Hindernisse 9
Netto 101
Offene Schlagfläche 24
Par 11
Partner 89
Pitch 58
Pitchmarken 95
Pitchingwedge 50
Platzmarkierungen 10
Platzreife 22
Pro 21
Probeschwünge 92
Provisorischer Ball 80
Pull (-hook, -slice) 27
Push (-hook, -slice) 27
Putt 42
Putter 12
Puttlinie 95
Querfeldein 103
Regeln 78

Rough 9
Royal and Ancient
Golf Club of St. Andrews 78
Rückschwung 40
Sandwedge 13
Schaft 15
Schaftflexibilität 15
Schaftlängen 15
Schlag aus dem Rough 66
Schlägerlänge 13
Schlägermaterialien 12
Schlaglänge 14
Schlagfläche 24
Schlag schenken 90
Schwungebene 29
Schwunggewicht 17
Schwungradius 30
Schwungrichtung 23
Schwungtechnik 23
Score 99
Scorekarte 99
Slice 27
Spielbahn 9
Spielbahnlängen 11
Spielfreigabe 22
Spielreihenfolge 79
Spikes 19
Square 24
Stableford 101
Standard 97
Standbreite 36
Stellung der Schlagfläche 24
Surlyn-Schale 18
Sweet-Spot 16
Tee 8
Top 19

Treffmoment 42
Triplebogey 11
Unterricht 21
Vierballspiel 101
Vierer 101
Vierer mit Auswahldrive 102
Vorfälle auf dem Grün 90
Vorgabe 97
Vorgabenverteilungsschlüssel 98
Wasserhindernis 10
Wettspiele 100
Wettspiel gegen Par 101
Wettspiel gegen Par nach Stableford 101
Zähler 98
Zählkarte 98
Zählspiel 103
Zeitweiliges Wasser 88
Zweiteiliger Ball 18

IMPRESSUM

Herausgeber und Verlag:
E. Albrecht Verlags-KG.
Freihamer Straße 2
82166 Gräfelfing
Telefon (089) 8 58 53-0
Telefax (089) 8 58 53-20

Herausgegeben im August 1995
1. Auflage

Titelzeichnung und sämtliche Illustrationen:
Prof. h.c. Peter Paul Halapa

Autor:
Andreas Hahn

Redaktion:
Jürgen Kanzler

Satz:
Typo Kratzl, Freising

Druck:
Color-Offset GmbH, München

ISBN: 3-87014-049-6